QUE SAIS-JE ?

Le racisme

FRANÇOIS DE FONTETTE
Doyen honoraire de la Faculté de Droit
et des Sciences Economiques d'Orléans
Professeur agrégé à la Faculté de Droit de Paris

Septième édition mise à jour

66e mille

A la mémoire de mes camarades
des classes de philosophie
et de mathématiques élémentaires
du Lycée d'Aurillac

LÉVY-LAMBERT et ROSEMBLIT
victimes du racisme nazi

Quaecumque est hominis definitio
una in omnes valet.
CICÉRON, *De leg.*, I, X, 29.

ISBN 2 13 044558 6

Dépôt légal — 1re édition : 1985
7e édition mise à jour : 1992, mars

Introduction

RACISME ET RACE

Le mot de racisme est d'un emploi si courant de nos jours que beaucoup seraient surpris de constater qu'il s'agit en réalité d'un néologisme. Le *Dictionnaire Littré* (1863-1877) l'ignore. Le *Larousse du XXe siècle* (1932) est sans doute le premier à donner le mot comme « parti, doctrine des racistes » et définit raciste « nom donné aux nationaux-socialistes allemands qui prétendent représenter la pure race allemande, en excluant les juifs, etc. ». Le *Dictionnaire de la Langue française* de Paul Robert accueille racisme en 1962 parmi les dérivés du mot race et en donne l'acception suivante : « Théorie de la hiérarchie des races, fondée sur la croyance que l'état social dépend de caractères raciaux et qui conclut à la nécessité de préserver la race supérieure des croisements avec d'autres races; comportement en accord avec cette théorie. » Il est instructif de suivre l'introduction du terme et l'évolution de sa définition dans le *Petit Larousse illustré* qui paraît un reflet assez fidèle de l'acceptation d'un mot dans la langue, et qui comporte une nouvelle édition chaque année. « Racisme » n'y pénètre qu'en... 1946 ! La définition est brève : « Théorie qui cherche à fixer la pureté de certaines races » ; elle change en 1948 pour devenir « théorie qui tend à préserver la pureté de la race dans une nation » ; cette définition demeure en place jusqu'en 1960 où elle se transforme et se précise. C'est alors le « système qui affirme la supériorité d'un groupe racial sur les autres, en préconisant, en particulier, la séparation de ceux-ci à l'intérieur d'un pays (ségrégation raciale) », et en 1966 on ajoutera « ou même en visant à l'extermination d'une minorité (racisme antisémite des nazis) » ; telle est la définition que l'on retrouve encore dans l'édition de 1980 ; en 1992 ces précisions concrètes ont disparu et on ne retient que l'idéologie et le « comportement » ; en revanche, le deuxième sens indiqué « attitude d'hostilité systématique à l'égard d'une catégorie déterminée de personnes ; racisme antijeunes » n'est que le reflet d'un usage dépourvu de sens et dont il faut souhaiter vivement la disparition si l'on veut que les mots gardent leur signification propre.

La notoriété que le racisme connaît de nos jours repose d'abord sur les atrocités commises par les nazis durant la dernière guerre : l'extermination systématique et quasi scientifique de millions de Juifs considérés comme les représentants d'une race particulièrement pernicieuse sert de toile de fond au destin d'un mot devenu par là même riche en charge émotionnelle. Mais l'hitlérisme défait, voici que le racisme est mis en accusation un peu partout dans le monde et que bien des conflits ou des tensions lui sont imputés : problème noir aux Etats-Unis, *apartheid* en Afrique du Sud, situation des Juifs en Union soviétique, rapports entre colonisés et colonisateurs, entre Juifs et Arabes au Moyen-Orient, réactions contre les travailleurs immigrés auxquels certains reprochent de « manger le pain des Français ». Tels sont les exemples qui viennent à l'esprit de chacun sans que l'on sache bien s'il convient exactement de parler de racisme ou seulement d'hostilité religieuse, de différences linguistiques, de nationalisme, de xénophobie... Où le racisme commence-t-il ? où s'arrête-t-il ?

L'étude scientifique du racisme à laquelle nous voulons nous livrer repose sur un double examen, celui des faits et celui des idées. La définition même du *Dictionnaire Robert* invite à cette analyse dualiste car elle tourne autour des deux mots de théorie et de comportement. Il faut admettre que si le racisme a fait l'objet d'une élaboration abstraite et intellectuelle par certains « penseurs », la théorie est accompagnée par le comportement, c'est-à-dire que le racisme, comme pratique, diffère de la construction doctrinale.

On peut déjà retenir l'idée d'une *hiérarchie* de races ; celle-ci est pour le raciste une donnée fondamentale : telle race est supérieure, telle autre est inférieure ; ni l'écoulement du temps, ni la transplantation géographique ne pourront modifier quoi que ce soit : dès lors qu'un individu appartient à une race, il est l'objet d'un déterminisme étroit. Ce pessimisme foncier des doctrines racistes qui bloquent leurs ennemis dans une situation sans issue, sans qu'ils en soient individuellement responsables, mais parce qu'ils appartiennent au groupe détesté, est un élément fondamental de l'attitude raciste.

Il importe aussitôt de souligner que le fait de l'existence des races humaines n'a pas, en tant que tel, à être mis en doute : ce n'est pas de la constatation de l'existence de ces races que se nourrit essentiellement le raciste. Sans doute est-il malaisé de définir la race ; les vieilles catégories que l'on enseignait jadis dans les manuels élémentaires : races noire, jaune, blanche existent bien. Nier l'existence des races est un procédé qui le plus souvent tourne à la confusion de ceux qui (bien qu'antiracistes) l'utilisent pour écarter les arguments racistes. Dans la mesure où le racisme hitlérien avait choisi le Juif comme cible de choix, les antiracistes se sont efforcés de démontrer (et sans grande peine), que la race juive comme telle n'existait pas ; cela du même coup rendait l'antisémitisme racial sans objet. De là à soutenir que les races n'existaient pas en tant que telles, il n'y avait qu'un pas, que certains franchirent assez rapidement : mais alors, ils se trouvèrent dans une position plus qu'inconfortable, lorsque, s'en prenant de préférence aux Noirs, les racistes venaient leur demander s'il n'y avait tout de même pas une différence de teinte visible à l'œil nu entre un Congolais et un Norvégien. « Ah ! serions-nous heureux, nous les antiracistes, si les Noirs étaient Blancs !!! » soupire avec humour Roger Ikor. La négation du fait racial n'est pas en soi une attitude possible, car elle consiste à nier la réalité, ce qui est un des plus grands dérèglements de l'esprit. C'est à ce propos que M. L. C. Dunn, rapporteur de l'Unesco, écrivait en juin 1951 : « L'anthropologue comme l'homme de la rue savent parfaitement que les races existent ; le premier parce qu'il peut classer les variétés de l'espèce humaine ; le second parce qu'il ne peut douter du témoignage de ses sens. »

La notion de race

Pour définir la race, le meilleur point de départ se trouve dans les sciences naturelles, car l'application principale de cette notion s'est faite dans le règne animal : elle apparaît comme la subdivision de l'espèce, celle-ci n'étant elle-même qu'une division du genre. Ce sont essentiellement les caractères somatiques qui différencient les groupements humains au point de vue de la race : en cette matière, les confusions terminologiques et les fausses analogies sont particulièrement fréquentes et fâcheuses. Marcellin Boule pouvait écrire à ce propos : « C'est véritablement à tort et à travers qu'aujourd'hui encore les auteurs les plus éminents et les plus académiques, quand ils traitent des groupements humains, se servent du mot *race* dans un sens totalement faussé... C'est ainsi qu'il n'y a pas une *race* bretonne mais un *peuple* breton, une *race* française mais une *nation* française, une *race* aryenne mais des *langues* aryennes, une *race* latine mais une *civilisation* latine. » C'est sans doute d'une confusion semblable de termes que résultait la légende des timbres-poste émis par la IIIe République en 1937 et 1939 : « Pour sauver la race » (Yvert et Tellier, nos 356 et 419). Quelle race ? contagion de l'époque ? indifférence ou méconnaissance des mots plus probablement...

On a pu définir les races humaines comme des « groupements naturels d'hommes présentant un ensemble de caractères physiques héréditaires communs, quelles que soient par ailleurs leurs langues, leurs mœurs, ou leurs nationalités ». Le terme « caractères physiques » embrasse aussi bien des particularités anatomiques que physiologiques, psychologiques ou même pathologiques, s'ils sont héréditaires : ils ont alors valeur anthropologique et déterminent une *race* ; ceux qui correspondent à une communauté politique déterminent une *nation* ou un *Etat* ; les caractères de civilisation sont souvent désignés de nos jours par le terme plus ou moins heureux d'ethnie : ainsi la répartition des peuples de l'Europe en Germains, Latins et Slaves, si elle a un réel intérêt au point de vue linguistique, n'a aucune valeur raciale : on ne peut davantage parler de race aryenne, cet adjectif servant à désigner un ensemble de langues utilisées par diverses races ; de même ne faut-il pas parler de races sémites, mais de langues sémitiques.

1. Les critères morphologiques et mensurables dont l'importance a été soulignée depuis longtemps sont :

A) *La couleur de la peau.* — Elle dépend de la présence plus ou moins intense dans le derme de petits grains d'une substance appelée pigment : en grande quantité, il caractérise la race noire ; si le rouge du sang circulant sous la peau mélange sa couleur avec celle du pigment, on aura les teintes jaunes de nombreux Asiatiques ; enfin l'absence de pigmentation aboutit au teint pâle et rosé des Européens du Nord : cela permet de comprendre le nombre infini de variétés que l'on peut rencontrer. Il convient d'ajouter qu'il n'y a pas de race « rouge » : lorsque les Européens débarquèrent dans le Nouveau Monde à la fin du XVe siècle, ils furent accueillis par des hommes qui s'étaient peint le corps en rouge pour certaines cérémonies : les Amérindiens ont la peau jaunâtre ou brune mais jamais rouge.

B) *La forme des cheveux* n'est pas sans importance ; droits avec une section circulaire ils sont typiques des faces jaunes, ondés, ils sont plus souples et se trouvent surtout en Europe ; crépus, ils ont en coupe une forme ovale et s'enroulent en spires très serrées sur la tête.

C) *La stature* est aussi un caractère racial. Si l'on prend comme base la moyenne approximative de l'humanité masculine (1,65 m), on situera les tailles hautes au-dessus de 1,70 m et les basses au-dessous de 1,60 m ; les tailles inférieures à 1,50 m caractérisent quelques races connues sous le nom de pygmées.

D) *La forme de la tête* fera rentrer l'individu dans diverses catégories selon son indice céphalique (c'est-à-dire le rapport de la largeur du crâne à sa longueur) ; quand ce rapport est plus petit que 0,75 un homme est dolichocéphale (δολιχός long), il est brachycéphale (βραχύς court) si le rapport est supérieur à 0,80. Entre 0,75 et 0,80 l'individu est un mésocéphale (μέσος intermédiaire). D'autres facteurs aussi peuvent être plus ou moins scrupuleusement pris en compte : degré de développement des mâchoires, calcul de l'indice nasal ; forme de l'ouverture palpébrale. Tous ces divers traits sont essentiellement extérieurs et facilement perceptibles.

C'est sur eux, ou certains d'entre eux, que se fondent les classifications du genre humain les plus anciennes et les plus traditionnelles : de l'Ancien Testament qui distinguait les fils de Cham, de Sem et de Japhet à la classification scientifique de Linné qui répartit l'*Homo sapiens* en quatre groupes, *Europaeus*, *Asiaticus*, *Afer*, *Americanus* ; Blumenbach devait à la fin du XVIIIe siècle montrer l'intérêt de la forme de la tête et diviser l'humanité en cinq races, Geoffroy Saint-Hilaire (1860) insistait sur le profil de la face, tandis que Topinard (1885) tenait avant tout pour la forme du nez. La classification de Deniker (1900) comportait 27 races avec 22 sous-races et servait de base pour les classifications ultérieures : ainsi Henri V. Vallois présentera un tableau de 27 races réunies en quatre groupes (primitives, noires, blanches et jaunes).

2. **Les caractères génétiques.** — La génétique, science relativement récente, vient apporter des éléments jusque-là inconnus. On peut définir une race humaine, écrit M. W. Boyd dans son remarquable ouvrage *Génétique et races humaines*, comme « une population qui diffère d'une manière significative des autres populations humaines par la fréquence d'un ou de plusieurs gènes qu'elle possède ».

A) *Le groupe sanguin* est le premier élément que l'on peut prendre en considération. Il faut souligner tout de suite, quel que soit le capital affectif et romantique que le mot sang a pu accumuler dans la mémoire humaine en matière de race (sang pur, sang royal, etc.), qu'il s'agit ici de références purement biologiques (la présence ou l'absence d'agglutinine et d'agglutinogène) et d'un caractère strictement héréditaire.

Loin de confirmer les antipathies ou les sentiments des racistes, l'existence de ces groupes permet de souligner des faits pour eux surprenants, voire attristants... L'Européen qui a besoin d'une transfusion pourra être sauvé par le sang d'un « Nègre » ou d'un Chinois en bonne santé qui appartient au même groupe que lui, mais pourra être tué par le sang de son propre frère si celui-ci est d'un groupe sanguin incompatible avec le sien (aux mêmes conditions un « SS » nazi pouvait être sauvé par le sang d'un Juif !!!). De nos jours beaucoup d'anthropologues et de généticiens estiment que les groupes sanguins constituent la meilleure base pour édifier une classification raciale. Ils présentent, en effet, un certain nombre d'avantages parmi lesquels le fait de se transmettre de façon bien déterminée selon les lois de Mendel, celui d'être insensibilisés aux facteurs extérieurs ; enfin leur fréquence dans une population est une caractéristique très stable.

Si la France renferme une population qui compte 43 % de groupe O, 42 % de A, 11 % de B, et 3 % de AB, chez les Basques qui ont souvent passé pour avoir une origine particulière, il y a 57 % de O, 41 % de A, 1 % de B et aucun AB. Le gène B est donc quasiment absent. Il y a chez certains groupes des taux de fréquence particulièrement élevés : ainsi chez les Indiens d'Amérique 95 % de groupe O et 100 % chez les Tikuna du Pérou. Le gène B est particulièrement répandu en Asie centrale et dans une partie de l'Afrique comprenant la vallée du Nil, tandis qu'il est relativement rare en Europe. La détection des groupes sanguins ne se fait pas seulement dans l'espace mais aussi dans le temps : ainsi les gènes A et B ont pu être identifiés dans des momies égyptiennes, une sorte d'archéologie sanguine est en voie de constitution. C'est en se fondant sur des tableaux très détaillés d'analyse sanguine que Boyd pouvait s'arrêter en 1953 à cinq races, que Garn en 1961 en présentait 9 et que Dobzhansky en 1962 en dénombrait jusqu'à 34.

B) *Le facteur Rhésus* constitue lui aussi une différence génétique. Le sang du *Macacus Rhesus* injecté à un lapin détermine dans le sérum de celui-ci la production d'agglutinines anti-

Rhésus. Or, ces agglutinines sont capables d'agglutiner les globules de certains hommes : on dira d'eux qu'ils sont porteurs du facteur Rhésus ou encore qu'ils ont un Rhésus positif ; ils représentent environ 85 % des populations européennes. Les autres hommes sont dits Rhésus négatifs : s'ils sont 15 % en Europe, il n'y en a pas dans de grandes parties du monde : chez les Amérindiens, les Papous, les Siamois ; le facteur Rhésus négatif est très rare chez les Chinois et les Japonais, relativement fréquent chez les Basques (30 %).

C) *La sensibilité gustative* à la thiophénylcarbamide constitue une autre différence génétique dont l'anthropologie commence à recueillir les données. C'est un caractère héréditaire d'un genre particulier qui constitue une « cécité gustative » *(agueusie)* à l'égard de cette substance chimique. De saveur amère pour certains, elle est sans aucun goût pour d'autres. Dans les populations européennes il y a environ 75 % de goûteurs, il y en a 100 % chez les Indiens d'Amérique, alors qu'au Pays de Galles la proportion de non-goûteurs atteint plus de 50 % du total. On pourrait citer d'autres facteurs génétiques comme le gène sécréteur, la présence ou l'absence de poils sur la seconde phalange, etc.

3. **L'ensemble des connaissances** ainsi apportées par les recherches morphologiques ou génétiques n'autorise pas, semble-t-il, les biologistes à confirmer les thèses racistes. Boyd écrit à ce sujet : « La classification génétique des races est plus objective et mieux fondée scientifiquement que les classifications plus anciennes. » Il poursuit non sans humour : « Dans certaines parties du monde un individu sera considéré comme « inférieur » s'il a par exemple une peau foncée, mais nulle part au monde la possession d'un gène de groupe sanguin A ou même d'un gène Rhésus négatif ne l'exclut de la meilleure société. »

C'est dans l'intention de faire le point sur ce qui pouvait être tiré des connaissances scientifiques de caractère biologique que plusieurs déclarations furent publiées au siège de l'Unesco à Paris : il convient de mentionner la *Déclaration sur la race* de juillet 1950, celle sur *La race et les différences raciales* de juin 1951 ; viennent ensuite les *Propositions sur les aspects biologiques de la question raciale* des experts de l'Unesco à Moscou en août 1964 et enfin la *Déclaration sur la race et les préjugés raciaux* de Paris (septembre 1967). Elles ont fait l'objet de remarquables études de Mme J. Hersch. Ces textes ne répondaient d'ailleurs pas seulement à de simples et strictes préoccupations de recherche scientifique, mais étaient évidemment orientés par un désir politique au sens très large du mot, ou un désir éthique, d'éviter que les constatations les plus récentes de la génétique et de la biologie ne soient détournées de leur fin, extrapolées indûment, au profit de divers racismes abusant du prestige des sciences.

La déclaration de 1951 affirme l'unité de l'espèce humaine et la provenance de tous les hommes d'une même souche, elle insiste sur la non-coïncidence des groupes politiques, religieux, et culturels avec les groupes raciaux ; elle atténue aussi la portée des classements raciaux, s'agissant des caractères mensurables ; elle cherche à minimiser toute relation entre groupe racial et test psychologique. Le fait que « dans la mesure où on a pu les analyser » les différences constatées n'apportent aucun argument en faveur d'une supériorité ou d'une infériorité générale de l'un ou l'autre de ces groupes n'apparaît pas comme faisant reposer les Droits de l'Homme sur un fondement assez profond, note Mme Hersch ; elle a le mérite de poser justement un problème qui cesse de dépendre de telle ou telle connaissance biologique et qui, parce qu'il est politique, exige un présupposé moral et philosophique. Elle note aussi dans le même sens, que combattre des préjugés racistes qui se fondent sur des certitudes pseudoscientifiques en se plaçant sur le terrain même de la biologie, n'est pas sans doute la façon la meilleure de les combattre.

Les propositions de Moscou d'août 1964 sont plus claires, insistent sur les modalités particulières de l'évolution humaine en soulignant notamment l'importance des facteurs culturels : « L'homme, depuis son origine, dispose de moyens culturels sans cesse plus efficaces d'adaptation non génétique » et « les différences entre les réalisations des divers peuples semblent devoir s'expliquer entièrement par leur histoire culturelle ». Mme Hersch a noté que la race n'était pratiquement envisagée dans tous ces textes qu'au point de vue biologique et que, du point de vue du sociologue, « ce qui est réel c'est la notion de race telle qu'elle existe en fait dans les conceptions ordinaires de l'homme de la rue ; c'est cette notion, si vague et non scientifique qu'elle soit, qui est une réalité sociale et qui, dans le réseau des faits, produit des effets dont l'importance semble aller croissant ». Nous en sommes bien d'accord avec elle et nous retrouverons ultérieurement cette notion lorsque nous nous efforcerons d'expliquer le racisme contemporain. Toutes les déclarations précédentes ont été élaborées à la demande de l'Unesco par des groupes d'experts siégeant à titre personnel ; mais le 27 novembre 1978, pour donner plus de solennité et de poids à ce genre de document, la conférence générale de l'Unesco siégeant à Paris adoptait à l'unanimité, et par acclamation, une nouvelle *Déclaration sur la race et les préjugés raciaux* qui était le fruit du travail d'experts gouvernementaux représentant plus de cent Etats ; le grand mérite de ce nouveau texte est d'affirmer le droit à la différence entre les groupes humains et de proclamer en même temps l'unité du genre humain ; particularisme et universalisme, diversité et solidarité apparemment contradictoires sont en réalité complémentaires.

Mais les débats sur de telles questions ne sont jamais clos. Les travaux de Arthur R. Jensen (1969) et de Hans J. Eysenck (1973) tendent à affirmer l'infériorité intellectuelle des Noirs et insistent sur la prépondérance du facteur biologique dans le développement de l'individu. Au contraire, Jacques Ruffié (1976) fait observer que ces thèses renferment une grande part d'arbitraire, car elles sont fondées essentiellement sur l'étude du quotient intellectuel dont Albert Jacquard note par ailleurs l'instabilité et l'imprécision ; il convient de mettre en relief l'importance du milieu culturel et des éléments psychologiques et sociologiques. Enfin, en 1979, M. R. Graham fondait aux Etats-Unis une « banque de sperme de prix Nobel ». Cette création repose sur une croyance aussi naïve que farfelue : l'insémination artificielle de femmes de qualité avec du sperme de prix Nobel accroîtrait sensiblement le pourcentage d'esprits géniaux dans leur descendance... Le ridicule ne tue pas toujours !

Nous faisons tout à fait nôtres les conclusions de J. Rostand : « L'erreur à éviter... est de confondre l'étude scientifique de la diversification raciale avec les constructions politiques du racisme, soit qu'on veuille, de cette étude, tirer argument pour la thèse raciste, soit que, par répugnance envers cette thèse raciste, on aille jusqu'à contester la réalité des différences raciales. »

***

Tout ceci permet de comprendre pourquoi nous ferons dans cet ouvrage une grande place à l'histoire et aux doctrines.

1. L'histoire paraît en la matière particulièrement importante : les relations entre des hommes de races et de nationalités différentes ne sont pas des phénomènes nouveaux et seulement contemporains ; la façon dont ces rapports étaient réglés, les manifestations d'hostilité, d'indifférence ou de sympathie qui les accompagnaient peuvent sembler singulièrement significatives par rapport au racisme, soit en l'annonçant, soit au contraire en repoussant plus loin son apparition. Ainsi la situation de colonisation et les liens entre colonisateurs et colonisés ont-ils toute chance d'engendrer des rapports empreints de racisme et les excellents travaux de M. Memmi nous semblent l'avoir particulièrement bien montré. Mais sans doute n'en a-t-il pas été ainsi à toutes les époques et dans tous les lieux : l'Empire romain apparaît peut-être dans la mémoire collective des hommes d'Occident comme la seule expérience de colonisation réussie...

2. Les doctrines et leur rôle constituent un élément capital pour plusieurs raisons. Elles ont d'abord été très souvent citées rapidement, par références allusives à certains auteurs, auxquels on prête, faute de les connaître, des idées qui n'ont jamais été les leurs. Elles sont, en outre, en relation étroite avec l'histoire générale de la pensée humaine : ce n'est guère avant la Renaissance que les hommes ont appliqué à leur propre espèce la notion de race. Le développement des sciences naturelles apparaissait comme le substrat indispensable à une démarche de l'esprit qui allait tenter de soumettre le genre humain à des classifications et à des dérivations analogues à celles que l'on pouvait introduire dans la zoologie ou la botanique. Pour l'étude de l'homme, une fois l'existence de grandes races dégagée, la tentation était grande de porter

à raison de la spécificité du fait humain des jugements de valeur sur les aptitudes ou virtualités de chaque groupe et d'affecter certaines catégories de signes définitifs de supériorité ou d'infériorité radicales. Paraphrasant Chesterton, on pourrait dire que le racisme est le produit d'une distinction biologique devenue folle. Il y avait là matière à des extrapolations et à des vagabondages d'imagination qui n'auraient pas été dangereux s'ils étaient restés confinés dans les œuvres de Gobineau, Chamberlain, ou Lapouge, car, en fin de compte, bien peu les ont maniées. Mais la diffusion de leur pensée qui n'avait rien de vraiment scientifique s'est faite grâce à des vulgarisateurs qui naturellement se sont parés d'un langage prétentieux et ont donné à leurs écrits une allure scientifique. Ainsi cette fausse science a été répandue dans des ouvrages de second ordre, des romans à bon marché, des pamphlets, des brochures, des libelles de toute sorte ; des folliculaires de chefs-lieux de canton ont volontiers repris et amplifié en les utilisant avec passion les thèmes racistes, et ils ont employé vaille que vaille, et à tout propos, les termes d'aryen, de sémite, d'indo-européen, sanskrit, pureté de sang, etc., en un mot tout un bagage de substantifs ou d'épithètes qu'ils étaient tout fiers d'étaler sous les yeux naïfs d'un lecteur moyen, mais dont ils auraient été bien en peine — et pour cause — de préciser le contenu exact. Tout un chacun s'habituait, grâce à cela, à un mépris facile pour toutes les parties de l'humanité différentes de lui ; ceci avec d'autant meilleure conscience et d'autant plus de certitude que toutes ces notions baignaient pêle-mêle dans une aura de science dont le caractère purement charlatanesque et frauduleux n'était pas soupçonné. Ainsi le rôle des doctrines racistes nous semble avoir été fondamental ; certes, les ressorts psychologiques et psychanalytiques du racisme ne sont pas pour autant négligeables, ils ont été pour la plupart souvent étudiés et admirablement décrits (notamment par MM. Maucorps, Memmi et Held ; Comarmont et Duchet ; Varet, Mme Guillaumin et d'autres) ; s'ils sont indispensables pour comprendre les réactions de l'individu ou du groupe devant le phénomène d' « altérité », il ne faut pas perdre de vue que les Occidentaux ont depuis plus d'un siècle été nourris d'un certain nombre de clichés, de mythes, de stéréotypes aberrants qui, provenant tous des doctrines racistes répandues et diffusées, ont pesé très lourd et provoqué nombre de réactions racistes à la suite d'une longue, collective et pernicieuse imprégnation de l'esprit.

Chapitre Premier

LES ANTÉCÉDENTS

Dès la plus haute Antiquité, nous avons un témoignage précis mais isolé de la prise en considération de la couleur de la peau. Il s'agit de la stèle que le Pharaon Sésostris III avait fait ériger au XIXe siècle avant J.-C. au sud de l'Egypte : « La traversée de cette frontière par terre ou par eau, en barque ou avec des troupeaux est interdite à tout Noir à la seule exception de ceux qui désirent la franchir pour vendre ou acheter dans quelque comptoir. Ces derniers seront traités de façon hospitalière, mais il est à jamais interdit à tout Noir, dans tous les cas, de descendre le fleuve (Nil) en barque, au-delà de Heh. » La mesure, cependant, répondait peut-être plus à des préoccupations d'ordre politique que strictement racial.

Il faut noter que des indications comme celles-ci sont assez rares. Il y a eu bien des guerres menées avec une cruauté et une férocité telles qu'elles constituaient parfois ce qu'on appellerait aujourd'hui des génocides : la xénophobie sans doute existe, la haine à raison de la race n'apparaît pas. Les Grecs qualifiaient de Βάρβαροι tous ceux qui se trouvaient en dehors du cercle de l'Hellade : mais le terme n'avait pas à l'origine le sens péjoratif qu'il devait prendre par la suite comme synonyme de cruel ou brutal.

Non sans malice, Hérodote notait que « les Egyptiens appellent barbares tous ceux qui n'ont pas la même langue qu'eux-mêmes » (on est donc toujours le barbare de quelqu'un...), tandis que Thucydide rappelait que « bien d'autres traits montreraient que le monde grec ancien vivait de manière analogue au monde barbare actuel ». Sans doute trouve-t-on chez Aristote les éléments d'une théorie de l'esclavage par nature, mais à ce sujet le philosophe lui-même est bien loin d'être catégorique et ne semble pas faire appel à une notion raciale. L'idée de race et *a fortiori* les conséquences de supériorité ou d'infériorité qu'on en pourrait tirer apparaissent étrangères à la pensée grecque : Hérodote n'avait pas caché son admiration pour les habitants de l'Ethiopie (parmi lesquels il y avait très probablement des Noirs) : « Les hommes y sont les plus grands, les plus beaux et y vivent le plus longtemps. » A Rome on trouvera des idées aussi largement universalistes, s'il faut en croire Cicéron, selon qui « les hommes diffèrent par le savoir, mais sont tous égaux par leur aptitude au savoir ; il n'est pas de race qui guidée par la raison ne puisse parvenir à la vertu ». On trouverait, bien sûr, dans tel ou tel auteur de l'Antiquité, des réflexions qui traduiraient l'égoïsme, l'hostilité à ce qui est différent de la réalité ordinaire et proche, mais, semble-t-il, peu de traces de l'idée selon laquelle certains hommes seraient, de par leur appartenance à une race, définitivement et essentiellement inférieurs aux autres.

Il n'empêche que deux situations doivent être soigneusement examinées : d'abord l'esclavage, ensuite la condition des Juifs et les premières traces de ce qu'on appellera l'antisémitisme. Nous pensons que ce sont là deux antécédents du racisme et nous donnons ici au mot antécédent son sens plein et originaire, de fait antérieur par rapport à un autre fait. La succession chronologique est incontestable, le caractère de fait « autre » l'est aussi, car l'esclavage antique n'a pas longtemps conservé un caractère racial accusé, et les conduites d'hostilité de l'antisémitisme s'expliquaient par d'autres motifs qu'une différence raciale (qui non seulement n'existait pas) mais dont on n'aurait alors jamais imaginé qu'elle pût un jour être inventée.

I. — L'esclavage romain

La situation des esclaves dans l'Antiquité orientale et méditerranéenne a été des plus variables selon les époques et les peuples ; son étude détaillée sortirait du cadre de cet ouvrage. Cependant, il n'en demeure pas moins que l'on peut faire une remarque intéressante à propos d'une des institutions serviles les mieux connues : l'esclavage romain. Sans vouloir nier que l'esclavage ancien ait été du type « doux », c'est-à-dire qu'il ait constitué une atténuation du sort des captifs échappant ainsi à la mort, il n'en reste pas moins vrai que l'esclave par définition est au départ un étranger à la Cité romaine. Voici quelque quarante ans, Henri Lévy-Bruhl s'est efforcé de montrer, avec succès croyons-nous, que dans la Rome ancienne : 1) tout esclave est un étranger ; 2) tout étranger est un esclave. On se bornera à souligner le fait que dans la Cité antique, le citoyen romain ne pouvait devenir esclave qu'en dehors de Rome *(trans Tiberim)* et que l'étranger risquait fort d'y être mis à mort s'il y pénétrait sans lettres de recommandation qui lui permettaient de devenir client. Ceci ne reflète sans doute pas une différence raciale mais H. Lévy-Bruhl pouvait écrire en 1931 : « De cette conception suivant laquelle l'esclave ne peut être un national, est nécessairement une personne étrangère à la collectivité au sein de laquelle il vit, il est resté des traces jusqu'aux Temps modernes. A une époque où l'esclavage est en butte à de vives attaques, on ne le tolère plus que si l'esclave se présente sous un aspect physiquement différent du national, si la distinction ethnique apparaît à tous les yeux. C'est ainsi que l'esclavage qui persista le plus longtemps au Moyen Age fut celui des Arabes et au XIXe siècle l'esclavage des Nègres en Europe et en Amérique. Ici comme il arrive souvent, c'est sous son aspect essentiel que l'institution manifeste le mieux sa vitalité. »

Cette conception devait à Rome faire place à la notion d'esclavage considéré comme une déchéance sociale. Il devenait alors un châtiment pouvant frapper même des citoyens romains lorsque ceux-ci avaient commis certains délits. Quoi qu'il en soit, M. Lengellé écrivait à bon droit : « La première inégalité entre des groupes humains voilà ce que fut l'institution esclavagiste. Sans que rien ne pût l'arrêter, elle devait conduire à ce que nous appellerions aujourd'hui le racisme. »

II. — Les Juifs et l'antisémitisme

1. Les Juifs dans l'antiquité pré-chrétienne. — A) *La Bible* présente la postérité d'Adam comme réunifiée en Noé dont les trois fils Sem, Cham et Japhet peuplent toute la Terre. Lorsqu'à partir d'Abraham, d'Isaac, de Jacob et des 12 tribus le peuple juif a enfin son existence spécifique, il ne constitue pas pour autant une ethnie particulière, mais une communauté religieuse caractérisée par une foi profondément monothéiste. On a fait remarquer qu'apparaissait déjà dans l'Exode ce qui sera dans la suite des temps le procédé obligatoire du racisme : charger une minorité de tous les crimes afin de faciliter la répression ; mais en l'occurrence les plaies d'Egypte se sont révélées bénéfiques pour les Juifs. La haine des Egyptiens contre les Juifs avait au moins une composante religieuse ; Moïse ne disait-il pas à Pharaon : « Les Egyptiens ont en abomination ce que nous sacrifions à Yahvé, notre Dieu ; si nous sacrifions sous leurs yeux ce qu'ils ont en abomination, ne vont-ils pas nous lapider ? » (Exode, VIII, 22).

Quelle que soit la valeur historique qu'il convienne d'attacher au livre d'Esther, les motifs qu'Aman devait invoquer pour persuader Assuérus de procéder à l'extermination des Juifs mettaient déjà en relief leur particularisme inadmissible : « Au milieu des innombrables populations de ton royaume est dispersé un peuple inassimilable... ses lois ne ressemblent à celles d'aucun autre » (Esther, III, 8), et le décret qu'Aman obtint du roi cumulait les reproches d'originalité impardonnable et de criminalité : « Considérant donc que ledit peuple unique en son genre, se trouve sur tous les points en conflit avec l'humanité entière, qu'il en diffère par un régime de lois exotique, qu'il est hostile à nos intérêts, qu'il commet les pires méfaits jusqu'à menacer la stabilité de notre royaume. » (Esther grec, III, 5.)

Cependant, lorsque Esdras et Néhémie décidèrent d'interdire les mariages des Juifs avec des étrangers, ce n'était pas dans un esprit de supériorité raciale, mais avec le désir de résister à des possibilités d'assimilation qui auraient mis en danger l'intégrité et la pureté de la foi monothéiste.

B) *Les Grecs.* — Au IIe siècle avant J.-C., la guerre entreprise par Antiochos IV Epiphane témoignait d'une particulière hostilité, bien délibérée, contre la religion juive : il s'agissait véritablement d'une persécution, au nom de la civilisation hellénistique, qui avait dès cette époque tous les caractères de l'antisémitisme. Flavius Josèphe accusera le séleucide d'avoir été « volontairement injuste, et impie et athée », tandis que Tacite dira à ce sujet : « le roi Antiochus s'efforça d'ôter aux Juifs leurs superstitions et de leur donner des mœurs grecques, mais la guerre contre les Parthes l'empêcha d'améliorer ce peuple abominable »... On a vu apparaître sous Antiochus VII Sidétès vers 130 av. J.-C., les accusations d'ennemis du genre humain, de lépreux, d'inutiles... C'est sans doute dans l'œuvre d'Apion, que l'on trouve une véritable somme des reproches et des griefs qui deviendront les « clichés » et les leitmotive de l'antisémite moyen... : les Juifs sont des Égyptiens tarés, lépreux, aveugles et boîteux ; leur particularisme religieux constitue un danger politique permanent, ils adorent une tête d'âne, ils se livrent au meurtre rituel (« les Juifs s'emparaient d'un voyageur grec, l'engraissaient pendant une année... ils sacrifiaient son corps selon leurs rites, goûtaient ses entrailles et juraient en immolant le Grec de rester les ennemis des Grecs »), le mythe de la conspiration juive universelle apparaît, etc.

C) *Les Romains.* — La situation des Juifs dans l'Empire romain n'a pas été celle d'un peuple persécuté. Sans doute l'opinion populaire leur était parfois hostile parce que leur particularisme religieux les isolait, et certains auteurs se sont faits l'écho de commérages dépourvus de bienveillance. Cependant, si la prise de Jérusalem en 70 et l'écrasement de la révolte dirigée par Bar Kochba en 135 étaient des épisodes particulièrement douloureux et cruels pour les Juifs, ils ne relevaient pas plus d'une réaction raciste des Romains que telle ou telle campagne militaire entreprise par eux.

Parmi les auteurs latins païens, Cicéron parlait des Juifs sans bienveillance quand il plaidait pour Flaccus, mais c'était surtout artifice d'avocat. En revanche, Tacite était bien l'antisémite convaincu ramassant et colportant tous les ragots qu'il avait pu rassembler : origine lépreuse d'Israël, critique du sabbat, adoration de la tête d'âne, peuple abominable, etc. Il formulait avec la concision qui lui était propre une des plus lapidaires sentences antisémites : « Là est profane tout ce qui chez nous est sacré ; en revanche est permis chez eux tout ce qui chez nous est abominable », et d'ajouter dans les *Annales*, en commentant la déportation en Sardaigne de 4 000 affranchis souillés des superstitions égyptienne et judaïque, que « si l'insalubrité du climat causait leur mort, c'était une petite perte ». Eichmann eût-il dit mieux ?

Et pourtant tout ceci amène à poser la question des rapports entre l'antisémitisme et le racisme. Nous sommes assez enclin à penser, qu'en l'absence de causes raciales, économiques ou sociales apparentes, l'antisémitisme de cette époque s'explique par un facteur essentiellement religieux. Le grand rabbin Kaplan écrivait à propos de la résistance à Antiochos Epiphane : « Par ce refus que seuls les Juifs ont opposé au paganisme grec, ils se sont mis en quelque sorte hors du monde civilisé de leur temps. On les a considérés comme des êtres à part et c'est de ce moment que date l'accusation portée contre eux d'être des « ennemis du genre humain »... Le monde doit à l'attitude des Juifs de cette époque l'orientation spirituelle prise dans la suite de l'humanité. C'est cent soixante-sept ans après le commencement de cette persécution que Jésus est né en Palestine. »

2. **La notion d'antisémitisme.** — L'histoire de l'antisémitisme ne s'arrête pas, tant s'en faut, hélas, avec l'apparition du christianisme ! Quand et à partir de quel moment l'antisémitisme prend-il un aspect raciste ? Tel est le problème qui se pose et qui implique avant l'exposé des faits, une approche de la notion d'antisémitisme.

Le terme est en lui-même fort mal choisi et plein d'équivoque. Mais en réalité le mot qui est apparu en Allemagne vers 1880 a reçu l'emploi univoque et spécifique d'hostilité aux Juifs et c'est dans ce sens commun que nous l'emploierons.

Il faut cependant distinguer l'antisémitisme de

l'antijudaïsme ou, ainsi qu'on l'a dit parfois, de l'antirabbinisme, ces derniers exprimant essentiellement une hostilité à base religieuse : ainsi a-t-on vu des théologiens chrétiens relever pour les critiquer les tendances judaïsantes de telle ligne de spiritualité ou de telle hérésie. Le rationalisme aussi, même s'il se proclame déiste, aboutit à un antijudaïsme très violent. Ce n'est guère sans un soubassement très important d'antijudaïsme que peut s'expliquer l'antisémitisme de Voltaire, et le député juif Naquet qui déclarait à la Chambre en mai 1895 : « Si l'antisémitisme consistait uniquement dans la discussion et la réfutation du dogme, des idées maîtresses de la religion juive, je vous déclare très franchement que je serais moi-même antisémite », montrait bien par cette phrase la distinction que l'on peut faire entre les deux concepts.

Qu'est donc l'antisémitisme ? Bernard Lazare dans son célèbre ouvrage : *L'antisémitisme, son histoire et ses causes* (1894) essayait de répondre à la question : « Il faut donc, puisque les ennemis des Juifs appartenaient aux races les plus diverses..., il faut donc que les causes générales de l'antisémitisme aient toujours résidé en Israël même et non chez ceux qui le combattirent. » Maladroite dans sa formulation (car elle sera exploitée odieusement pendant l'occupation) cette remarque avait le mérite (ou l'inconvénient ?) de lier l'antisémistisme à un peuple unique, celui d'Israël : ce serait donc un fait qui relèverait de la singularité, de l'unicité d'Israël, fait dans l'explication duquel ceux qui admettent une élection religieuse ou une vocation spirituelle d'Israël sont peut-être plus à l'aise que ceux qui rejettent toute présence d'éléments de cette nature. Mais les propos de Bernard Lazare sont malgré tout plus une constatation qu'une définition.

Si l'antisémitisme contemporain revêt la plupart du temps une forme raciste, à quel moment ce caractère est-il apparu ? Ceci a pris d'autant plus d'importance que le génocide perpétré par les nazis a amené de remarquables historiens à s'interroger sur la genèse et l'histoire de l'antisémitisme : Jules Isaac, MM. Blumenkranz, Ikor, Poliakov, Lovsky, ont parmi bien d'autres consacré d'importantes réflexions à ces problèmes. Il ne peut être question ici pour nous de donner une étude exhaustive de l'antisémitisme en tant que tel (deux autres ouvrages de cette collection lui sont consacrés) (1), mais seulement pour la période antérieure à la Renaissance d'essayer de vérifier si oui ou non les phénomènes d'antisémitisme sont une variété de racisme.

3. **Les faits.** — A) *L'antisémitisme de différenciation.* — Les premières oppositions entre juifs et chrétiens sont évidemment d'origine religieuse : chaque religion voulant préserver la pureté de la foi chez ses fidèles et se méfiant du prosélytisme de l'autre. C'est au fond un antijudaïsme que M. Lovsky nous paraît avoir fort opportunément qualifié d'antisémitisme de différenciation pour désigner l'attitude des chrétiens des premiers siècles. La décision — conforme aux idées de Paul et de Barnabé — prise par le « Concile de Jérusalem » de renoncer à imposer aux païens qui se convertissaient au Christ la circoncision et certaines prescriptions légales du judaïsme était une trahison aux yeux des autorités juives : elles allaient lutter avec énergie contre l'hérésie chrétienne essentiellement par un raidissement théologique : elles

(1) *Histoire de l'antisémitisme*, n° 2039 ; *Sociologie de l'antisémitisme*, n° 2194.

ont « excommunié » les premiers fidèles de Palestine qui ont été des Juifs chrétiens. Les chrétiens apparaissaient aux yeux des Juifs orthodoxes comme des apostats et le christianisme comme une immense apostasie du judaïsme. Cette hostilité n'était certes pas à sens unique car « aux malédictions rabbiniques répondent les imprécations de l'antisémitisme chrétien » (M. Simon).

L'Eglise, bien sûr, ne voulait pas se laisser traiter en secte juive hérétique, mais se considérait au contraire comme l'accomplissement et l'épanouissement d'Israël : l'Israël selon l'esprit. L'antijudaïsme chrétien ne se transformait qu'assez lentement en antisémitisme. Les Juifs selon Augustin étaient des témoins, ils devaient être préservés : *Necessarii sunt credentibus gentibus*. Cette théorie du peuple témoin, construction théologique, passait souvent dans l'apologétique chrétienne qui, non seulement s'accommodait de la persistance du peuple juif, mais parfois l'exigeait : les Juifs témoignaient par leur dispersion et leur affliction. C'est Jean Chrysostome qui est apparu — et de loin — comme celui chez qui l'imprécation antijuive a atteint le plus haut degré, et l'accusation du crime de déicide nettement formulée expliquait pour lui les souffrances perpétuelles endurées par les Juifs.

Tout se prêtait à ce que l'on passe de l'antijudaïsme de départ à l'antisémitisme. Parmi les causes propres, il faut souligner le dépit éprouvé par les chrétiens devant le refus opposé par les Juifs à l'Evangile et le peu de succès de la prédication chrétienne... De là à flétrir l'obstination dans l'erreur et l'aveuglement, il n'y avait qu'un pas (ce sera plus tard la Synagogue aux yeux bandés).

Cependant, il faut souligner, et ceci est essentiel pour notre propos, que, dans toute cette hostilité (et ce n'est certes pas pour en justifier les aspects concrets ou odieux) on ne trouve pas la moindre trace de mépris ou d'opposition raciale. La caractéristique de l'infériorité raciale est son aspect irrémédiable et fatal. Il ne peut ici en être ainsi : l'espoir de la conversion fait que rien n'est jamais joué et que l'avenir est gros de toutes les possibilités. Et au début de l'époque franque le poète Venance Fortunat écrira : « L'huile sainte va baptiser la toison des brebis... l'eau du baptême emporte l'âcre odeur du judaïsme. » La conversion faisait des Juifs des chrétiens comme les autres, ou plus exactement des chrétiens comme le furent les apôtres et les disciples de Jésus, Juifs de naissance, car ils n'ont rien à renier de leur passé mais seulement à ajouter. Ce n'est pas là du racisme.

B) *L'antisémitisme d'installation* se situe chronologiquement à l'époque franque et au moyen âge Avec les conversions de Constantin et de Clovis. l'Etat cessait d'être hostile à l'Eglise, et des confusions entre les exigences du temporel et du spirituel devenaient quasiment inévitables. Une des premières conséquences du recul puis de la quasi-disparition du paganisme fut de laisser les chrétiens face à face avec les Juifs. A partir du moment où tous les Gentils étaient devenus chrétiens, ces derniers cessaient de constituer un *tertium genus* : ils étaient donc tentés de reprendre avec d'autant plus de facilité les arguments des païens contre les Juifs que l'hostilité de ces derniers contre les chrétiens devenait nécessairement une « haine du genre humain ». L'antisémitisme allait bientôt se fonder sur des motifs sociaux, économiques ou politiques, c'est-à-dire tendre à perdre son aspect primitif d'hostilité religieuse.

a) *Cependant, les préoccupations religieuses* expliquent toujours un certain nombre de mesures ou d'attitudes :

1. L'interdiction de mariage entre la chrétienne et le Juif puis entre la Juive et le chrétien n'était pas inspirée par du racisme, mais par la peur de conquêtes spirituelles au détriment de l'Eglise, c'est-à-dire par la crainte de l'apostasie de l'époux chrétien ;

2. L'accusation de déicide refleurissait et se répandait. Le thème du peuple déicide fit partie du fond commun populaire de la chrétienté : il fallait déjà une réflexion spirituelle un peu affinée pour admettre et souligner que ce sont, non le peuple juif, mais les péchés de tous les hommes qui ont crucifié le Christ ;

3. La liturgie aussi devait refléter une hostilité accentuée envers les Juifs : parmi les oraisons des cérémonies du Vendredi saint, l'une d'elles était récitée à l'intention des Juifs (ce qui était bien), mais son texte portait : *oremus et pro perfidis Judaeis* et faisait allusion à la *perfidia judaïca* (ce qui l'était moins). De même, selon Adémar de Chabannes, on avait l'habitude à Toulouse à chaque fête de Pâques de gifler un Juif et vers l'an mil cette pratique de la « colaphisation » fut réalisée si vigoureusement que la cervelle et les yeux du malheureux jaillirent de la tête et tombèrent par terre, si l'on en croit le chroniqueur *(cerebrum... et oculos... ad terram effudit)* !...

4. Enfin la calomnie du meurtre rituel n'avait pas fleuri dans l'antisémitisme de différenciation ; les chrétiens contre qui l'accusation avait été formulée par les païens n'avaient pas voulu à leur tour la reprendre contre les Juifs, car ils étaient trop bien placés pour en connaître par eux-mêmes la profonde

inanité. Ce n'est qu'au XIIe siècle que cette dangereuse accusation fut portée pour la première fois contre des Juifs ; des papes comme Innocent IV et Grégoire X s'efforcèrent en vain de détruire cette sinistre légende qui réapparaissait avec une imperturbable constance et témoignait d'un affreux acharnement.

b) *Les motifs économiques.* — Mais la condition des communautés juives s'était sensiblement aggravée depuis le début des Croisades : non chrétiens, au milieu de la chrétienté, on pouvait utiliser les Juifs pour remplir certaines fonctions interdites aux chrétiens ; dans une certaine mesure « le spirituel modelait l'économique ». A cela il faut ajouter la sorte de prédisposition aux activités de commerce et d'échange que peuvent avoir les peuples dispersés à l'intérieur d'autres nations.

Dans le détroit de certaines coutumes, il était interdit aux Juifs de posséder des immeubles. Leur permettait-on en revanche d'être propriétaires de vignes, terres ou maisons que de brusques menaces d'expulsion, parfois suivies d'effet, fournissaient l'occasion rêvée de confisquer leur fortune. Comment s'étonner, dès lors, que très souvent les Juifs n'aient guère exercé que des métiers dans lesquels on pouvait aisément déguerpir avec ce que l'on possédait de précieux : fourreurs, joailliers, changeurs, prêteurs, etc.

A propos du vaste problème de l'usure juive qui est ainsi posé, il convient de rappeler que par usure on entendait au moyen âge le versement par l'emprunteur de toute espèce d'intérêt aussi minime qu'en fût le taux. Le Juif usurier apparaît donc comme une création de la société médiévale et Achille Luchaire pouvait écrire : « L'art de pressurer les Juifs était devenu une institution, une ressource régulière de la royauté. » Ainsi l'antisémitisme d'installation faisait surgir pour des motifs qui n'étaient plus purement religieux de nouvelles causes d'antisémitisme que les racistes par la suite devaient adopter avec joie en les fixant définitivement. Il ne faudra pas moins que la mise en valeur du désert du Néguev par les agriculteurs israéliens pour que certains veuillent bien admettre qu'après tout les Juifs sont bien capables de s'adonner à d'autres activités que celles à l'intérieur desquelles les racistes antisémites ont voulu les enfermer.

c) *Signes d'humiliation ou de séparation.* — Il en est deux particulièrement célèbres ou efficaces qui méritent d'être rappelés, la rouelle et le ghetto.

1. La rouelle consistait dans le port obligatoire pour les Juifs d'un insigne jaune, elle fut imposée par le IVe concile de Latran de 1215 désireux de séparer radicalement les chrétiens des Juifs : la mesure fut appliquée avec une grande souplesse et beaucoup de variété. Mais ici encore les motifs médiévaux n'étaient pas racistes : car les musulmans, les lépreux, les prostituées portaient des signes distinctifs ; c'était donc un insigne porté soit pour éviter une promiscuité soit pour mettre en garde contre des fréquentations jugées pernicieuses pour la foi.

2. Le ghetto qui ne devait se généraliser qu'après la Renaissance provenait au départ du même désir de séparation et permettait aussi à la communauté juive de resserrer ses propres liens de vie sociale et spirituelle.

On peut certes déplorer de telles mesures qui nous apparaissent comme humiliantes et discriminatoires mais, pour odieuses qu'on les juge, on ne saurait les rapprocher de celles que prirent les nazis ; l'esprit raciste n'existait pas encore. Un sermon de saint Vincent Ferrier lui-même à la fin du XIVe siècle en est un assez bon exemple : « Vous autres, avez-vous une consolation quand un Juif se convertit ? Il y a beaucoup de chrétiens assez fous pour ne pas en avoir. Ils devraient les embrasser, les honorer et les aimer ; au contraire, ils les méprisent parce qu'ils ont été Juifs. Mais ils ne doivent pas l'être car Jésus-Christ a été Juif, et la Vierge Marie a été Juive avant d'être chrétienne. C'est un grand péché que de les avilir. » M. Lovsky a écrit : « C'était de l'intolérance, nullement du racisme », et soulignant le caractère exogamique du statut des Juifs du Mecklembourg qui favorisait les mariages mixtes pour christianiser les enfants, le même auteur pouvait dire : « Il y a plus de différence entre le Mecklembourg de 1813 et celui de 1933 qu'entre Receswind et Blücher. »

C) *Une notion nouvelle : la pureté de sang.* — C'est en Espagne, au milieu du xve siècle, que le problème juif allait prendre une première coloration raciste. Ce n'était pas du racisme à l'état pur, il ne s'agissait encore que des prodromes : bien sûr, on ne parlait pas encore de race juive, mais la différence entre les Juifs et les autres n'était plus purement religieuse, puisque aussi bien l'eau du baptême ne suffisait plus à « emporter l'âcre odeur du judaïsme ». De trop nombreux Juifs convertis *(conversos)* semblaient ne pas avoir définitivement rompu avec leur foi ancienne : beaucoup d'entre eux, « mal baptisés », ou bien avaient été convertis de force, ou bien avaient embrassé la foi catholique poussés par l'intérêt et occupaient des situations élevées ; les uns comme les autres continuaient souvent à judaïser en secret. Le peuple, qui les jalousait et les méprisait à cause de cette double appartenance, les haïssait beaucoup plus que les vrais Juifs et les appelait *marranos*, marranes. L'idée dominante était qu'il fallait regarder comme « nouveaux chrétiens », non seulement ceux qui s'étaient convertis, mais encore tous leurs descendants. En revanche, les « vieux chrétiens » étaient ceux qui pouvaient faire la preuve de leur *limpieza de sangre* (pureté de sang), c'est-à-dire démontrer qu'ils ne comptaient pas de *conversos* parmi leurs ancêtres. C'était là pour les petites gens se créer une aristocratie à bon marché, d'autant plus que chez de nombreux grands d'Espagne, il pouvait bien y avoir quelques gouttes de sang juif, et à ce sujet, au XVIIe siècle, il y aura une sorte de suspicion généralisée qui tournera à l'obsession.

C'est en 1449 à Tolède, à la suite d'une émeute provoquée par une trop grande exigence fiscale de la royauté que le premier statut de pureté de sang fut élaboré : il rendait les *conversos* indignes d'occuper « des charges privées ou publiques » dans la ville de Tolède et dans tout le territoire de sa juridiction. Si tout cela devait aboutir à une proscription de principe des Juifs d'Espagne en 1492, il restait encore assez de marranes pour qu'en 1547, un statut de pureté de sang, à Tolède toujours, consacrât officiellement à nouveau l'exigence de la *limpieza*. Ardemment soutenue par l'archevêque Siliceo, combattue avec talent et fougue par le franciscain français Henri Mauroy, cette notion donnait lieu à une recrudescence des controverses qu'a retracée M. Sicroff. L'animosité contre les marranes prenait la relève de l'antisémitisme en y introduisant une composante raciale nouvelle. A cette époque, le soupçon né de la possibilité d'une fausse conversion tendait à engendrer une conception raciste de la question juive : c'était là un signe des changements qui allaient se produire.

Chapitre II

LES ÉLÉMENTS PRÉCURSEURS

A la fin du moyen âge, on assista à une transformation du monde dont les causes étaient multiples et d'ordres divers : au premier plan se placent les découvertes géographiques dont on comprend combien elles vont susciter d'interrogations : ces êtres orthostatiques que l'on découvre là-bas, au-delà des mers, sont-ils oui ou non des hommes ? appartiennent-ils bien à l'espèce humaine ? Si oui, ne sont-ils pas, à l'intérieur même de cette espèce, des représentants de races inférieures avec tout ce que cela comporte ? Voilà un aspect imprévu d'une *diversité* insoupçonnée jusque-là.

Transformations aussi en Europe où la « chrétienté médiévale » s'effondre et disparaît : à une double unité religieuse et linguistique succèdent des diversités vernaculaires et les oppositions nationales.

La Terre agrandie, les langues différenciées, les patries hostiles amènent les hommes à se comparer, se juger et se classer : pourquoi la raison ferait-elle échapper l'animal qui en est doué aux classifications qui s'échafaudent et aux hypothèses qui s'élaborent sur son origine et son destin ? Dans le miroir brisé où se reflète alors le genre humain, certains refuseront de voir l'unité sous les diversités apparentes : seules, celles-ci seront retenues et exaltées pour magnifier la supériorité de telle ou telle race.

I. — Le Nouveau Monde

1. **Les Indiens.** — Après des conquêtes dont nous n'avons pas ici à retracer l'histoire, le pape Alexandre VI dans la bulle *Inter Cetera* sanctionnait la prise de possession espagnole du Nouveau Monde. A partir de là fut organisé, sous le contrôle de la *Casa de Contratación de las Indias de Sevilla*, tout un système qui légalisait « la répartition des Indiens comme butin privilégié de la conquête ». C'est contre cela que s'élevait un tonitruant sermon du dominicain Fray Antonio Montesinos dans l'église de Saint-Domingue, le dernier dimanche de l'Avent de 1511 : « Vous êtes tous en état de péché mortel à cause de votre cruauté envers une race innocente. Ne sont-ils pas des hommes ? » Les répercussions immédiates de ce sermon qui fit beaucoup de bruit à l'époque aboutirent à certains adoucissements. L'un des auditeurs de Montesinos, Bartolomé de Las Casas, ancien colon, sur le point de devenir prêtre, allait apparaître comme le champion de la dignité des Indiens et le défenseur intransigeant de leurs droits. C'est le lieu de rappeler deux des *disputationes* les plus célèbres sur l'attitude des colonisateurs espagnols et le sort qu'ils réservaient aux indigènes. La première, en 1519, opposa devant Charles Quint, nouvel empereur, Las Casas à Quevedo, évêque du Darien (Colombie). Celui-ci n'hésitait pas à déclarer que « les Indiens sont des êtres inférieurs, des *esclaves par nature* », reprenant sous ces derniers termes une distinction faite par Aristote dans sa *Politique*. La réplique de Las Casas ne man-

qua pas de fermeté : « Notre religion est destinée à toutes les nations du monde... elle n'en prive aucune de liberté sous prétexte qu'elles sont esclaves par nature. » La papauté elle-même intervint avec énergie ; par la bulle *Sublimis Deus* de 1537, le pape Paul III proclame que les Indiens sont véritablement des hommes *(veros homines)* et aptes à recevoir la foi, malgré ceux qui ont l'audace d'affirmer qu'il faut les réduire en servitude, *ut bruta animalia.* Las Casas rappelait leur qualité de descendants d'Adam comme une garantie qu'ils sont *reducibles a toda ley de razón y convertibles a nuestra santa fe católica.*

Sepulveda, chanoine de Cordoue, traducteur d'Aristote, publia à Rome un traité consacré à l'emploi de la force contre les indigènes américains ; il y soutenait la légitimité des guerres menées par Cortés et ses émules avec comme arguments principaux le fait que les Indiens étaient barbares et *esclaves de nature* et qu'ils faisaient des sacrifices humains. C'est à Valladolid qu'en août 1550 une assemblée de quatorze théologiens se réunit pour entendre les arguments opposés par Sepulveda à Las Casas. Si le débat, ajourné pour être repris au printemps suivant, ne fut jamais conclu officiellement, il ne s'en termina pas moins par la victoire des thèses non racistes soutenues par Las Casas : les guerres de conquête furent suspendues, les arguments de barbarie et d'idolâtrie étaient repoussés et l'influence du protecteur des Indiens se faisait sentir jusque dans les cours que Domingo de Soto professait à l'Université de Salamanque les années suivantes : « C'est rendre la foi odieuse que de l'imposer par les armes... il n'est jamais permis de faire le mal pour que le bien s'ensuive. »

Les dernières années de Las Casas, qui devait mourir à 92 ans, témoignent de la même énergie de la part d'un homme qui avait écrit : « Il n'existe aucune nation au monde, quelles que soient la barbarie et la férocité ou la dépravation de ses coutumes, qui ne puisse devenir un jour une nation policée dont les membres se comportent de façon humaine et conforme à la raison. » Cette phrase est citée par Hanke qui écrit : « Cette déclaration survivra à tous les siècles et sera un des grands apports de l'Espagne à l'humanité », et il la compare à certains passages de la déclaration faite par l'Unesco en 1950.

Il est d'autant plus surprenant de rappeler que dans sa jeunesse Las Casas avait réclamé l'envoi d'esclaves noirs en Amérique. Si nous connaissons ce fait, c'est par Las Casas lui-même qui déclare, dans son *Historia de las Indias*, avoir été le premier à demander licence d'importer des esclaves noirs. En outre, il écrivait : « J'ai compris depuis, que ce qui est inique envers les Indiens est aussi inique envers les Noirs d'Afrique. » Il ajoute qu'il n'avait pas bien vu « de quelle façon inique ces Noirs avaient été asservis par les Portugais », et il avoue qu' « il ne fut jamais certain que l'ignorance où il avait vécu à ce sujet lui servirait d'excuse au tribunal de Dieu ». Ce n'est donc pas Las Casas qui a inventé l'esclavage des Noirs : les Portugais le pratiquaient déjà, et les Noirs entre eux en Afrique, mais c'est à raison des grandes découvertes que va naître et se développer la traite des Noirs.

2. La traite des Noirs. — La traite des Noirs qui est indissolublement liée à la navigation entre l'Europe, l'Afrique et l'Amérique a trouvé son apogée au XVIIIe siècle.

Nous ne pouvons dans un ouvrage de cette dimension songer à en évoquer la technique et l'abolition, mais nous voudrions seulement tenter de répondre à deux questions :

1. Combien de Noirs furent ainsi déportés d'un continent à l'autre ? Il est certain que toute réponse chiffrée est très difficile à formuler et que selon « le tempérament des écrivains et leurs tendances raciales ou politiques le chiffre mondial total a varié de 3 à 50 millions ». Les appréciations portées par M. Deschamps dans sa remarquable *Histoire de la traite des Noirs* permettent de penser que depuis 1450 le total de la traite mondiale concerne au moins 14 millions de Noirs et « sans doute au moins 20 millions à répartir sur une vingtaine de siècles, les deux derniers à eux seuls fournissant plus de la moitié ».

2. Pourquoi les Noirs, et pratiquement les Noirs seuls, ont-ils fourni la quasi-totalité de la main-d'œuvre servile ? Les racistes répondraient *una voce*, parce qu'ils constituaient une race inférieure. M. Deschamps propose quelques réflexions : à partir du moment où les païens blancs (slaves) se convertirent, on alla chercher d'autres esclaves et on les trouva en Afrique noire ; le nombre des esclaves augmenta avec la mise en valeur de l'Amérique et les Noirs habitués aux climats tropicaux travaillaient mieux dans les plantations exotiques : l'esclavage existait déjà en Afrique à la suite des captures de guerre et c'est « une habitude devenue progressivement abusive ».

En réalité, il y a un argument que l'on ne trouve guère proposé sans doute parce que, par sa simplicité, il rappelle un peu l'œuf de Christophe Colomb : pourquoi les Noirs ? à cause de la couleur ! L'esclave dans la mesure du possible était à Rome un étranger ou plus tard un païen : il était donc quelqu'un de *différent*. En milieu blanc (indépendamment du marquage personnel par le maître) la couleur de la peau sera une présomption de servitude ; il sera beaucoup plus difficile à un Noir d'organiser sa fuite avec quelque chance de succès. Aspect racial premier, la couleur de la peau prendra rapidement une signification raciste. Chez les Blancs, au sens propre, l'esclave noir fait tache... Et puis, est-ce bien un homme ? ou un animal évolué ? Le Juif, lui-même, par le baptême devient chrétien ; sa « judéité » est une qualité spirituelle qu'il peut quitter, le Noir ne change pas de peau.

Combien le vieux Continent profita de l'immonde trafic que nous venons de décrire, c'est ce que W. Sombart entendait dire lorsqu'il écrivait : « Nous sommes devenus riches parce que des races entières, des peuples entiers sont morts pour nous : c'est pour nous que des continents entiers ont été dépeuplés. »

II. — La théorie des classes

La prise de conscience de plus en plus aiguë des différences nationales exacerbait les particularismes : elle amenait à souligner, à partir du XVIe siècle, les valeurs propres de chaque groupe, et souvent à les déclarer supérieures à celles des autres.

Ainsi les langues nationales se fortifiaient ou se fixaient au détriment du latin qui, de plus en plus, était uniquement langue liturgique ou langage d'un cénacle d'humanistes. Les Italiens avaient tendance à considérer les Français comme des barbares tandis que ceux-ci célébraient l'originalité et la dignité de leur langue nationale. La *Germanie* de Tacite était utilisée outre-Rhin pour célébrer les vertus allemandes tandis que Christophe Scheurl écrivait dans un *Libellus de laudibus Germaniae* : « Je ne vois pas que nous ayons rien de commun avec les Français : notre force, notre langue, notre façon de faire la guerre, tout est différent. Nous possédons enfin un autre attachement à nos promesses et un autre respect de la foi jurée. » « Rien de commun ; tout est différent », c'est ce qui séparait qui était exalté, ce qui pouvait unir était nié ou passé sous silence.

François Hotman cherchait à montrer que l'absolutisme

royal est contraire à la coutume nationale. Il écrivait pour cela la *Franco-Gallia*, « La Gaule française » : les Gaulois étaient les frères des Germains, mais à la différence de ceux-ci ils eurent le malheur de subir l'occupation romaine. Il ne s'agissait pas encore là de théorie des races mais de l'annonce de celle-ci : la thèse ethnique restait sous-jacente à une théorie des classes. A la fin du XVIIe siècle, les partisans de l'identité de race entre les Gaulois et les Francs eurent pour adversaire un homme hors du commun, Leibniz, qui consacra une dissertation à ce sujet : *De origine Francorum* ; il y déclarait que la méthode relevait du désir et non du raisonnement *(haec optantis sunt, non ratiocinantis)*.

Tout cela devait trouver une forme sinon définitive, du moins très élaborée et accentuée, dans un écrit posthume d'Henri de Boulainvilliers, *Histoire de l'ancien gouvernement de la France*. La conquête de la Gaule par les Francs avait été, selon lui, le véritable fondement de l'Etat : « Les Gaulois devinrent sujets, les François furent maîtres et seigneurs. Depuis la conquête, les *François originaires* ont été les véritables nobles et les seuls capables de l'être. » Le duc de Saint-Simon fut trop heureux de faire valoir des arguments analogues en soulignant que les Gallo-Romains donnèrent naissance aux serfs. Continuant Hotman, Boulainvilliers défendait lui aussi une théorie des classes : les nobles réclamaient le pouvoir par droit de naissance et parce qu'ils étaient les descendants des conquérants germains.

Une thèse aussi monolithique ne devait pas manquer d'être vigoureusement combattue : elle le fut par l'abbé Dubos qui répondit dans son *Histoire critique de l'établissement de la monarchie française dans les Gaules* (1734) en prenant exactement le contre-pied de Boulainvilliers : la royauté et la bourgeoisie y étaient représentées comme une émanation de la vieille société gallo-romaine ; les Francs étaient d'ailleurs venus en Gaule comme alliés des Romains et c'est à des racines romaines toujours vivaces que la France a dû sa grandeur.

Que l'une et l'autre de ces thèses fussent parfaitement outrancières, c'est ce qu'un esprit aussi équilibré que Montesquieu ne devait pas manquer de souligner en écrivant : « M. le comte de Boulainvilliers et M. l'abbé Dubos ont fait chacun un système dont l'un semble être une conjuration contre le tiers état et l'autre une conjuration contre la noblesse. »

Cette appréciation n'empêcha point des écrivains postérieurs de se ranger avec flamme derrière l'un des deux protagonistes en outrant encore leurs thèses : Sieyès, par exemple, dans sa célèbre brochure *Qu'est-ce que le tiers état ?* apparaissait comme le continuateur de Dubos ; il affirmait clairement son admiration pour la vieille égalité romaine. En revanche, l'abbé Mably dans ses *Observations sur l'Histoire de France* avait, dès 1765, adopté les thèses de Boulainvilliers... en substituant toutefois le tiers état à la noblesse !

La germanophilie atteignait son apogée avec Mlle de Lézardière (*Théorie des lois politiques de la Monarchie française*, 1790) qui transfigurait la lutte entre Francs et Romains en une guerre sans merci où la liberté germanique était aux prises avec le despotisme romain : l'écrasement de celui-ci assurait le triomphe de la liberté.

Montlosier, lui, devait continuer dans la même ligne que Boulainvilliers, tandis qu'Augustin Thierry au XIXe siècle reprenait l'opposition entre deux éléments, l'un noble et germanique, l'autre prolétarien et gallo-romain. Le titre d'une plaquette publiée en 1829 par le naturaliste William Edwards pouvait paraître à ce sujet singulièrement significatif : *Des caractères physiologiques des races humaines, considérés dans leurs rapports avec l'Histoire.* N'est-ce pas dans cette ligne qu'il convient de situer Victor Courtet dont on a mis récemment en lumière l'importance et qui apparaît à bien des égards comme le premier théoricien de la hiérarchie des races et le précurseur de Gobineau ? Il donnait en 1837 un ouvrage dont le titre est un programme : *La science politique fondée sur la science de l'homme, ou Etude des races humaines sous le rapport philosophique, historique et social.*

La théorie des classes qui faisait coïncider celles-ci avec des origines ethniques différentes, qui tour à tour exaltait ou vilipendait selon les auteurs l'élément germanique ou l'élément romain, accoutumait les esprits à cataloguer les individus selon leur race. Les doctrines racistes ont donc pour une large part puisé dans ce fonds commun d'auteurs qui, ignorant l'anthropologie, n'en avaient pas moins dans leurs controverses d'ordre politique ou national fourni une sorte d'assise historique aux perspectives en trompe-l'œil du racisme.

Chapitre III

LES DOCTRINES RACISTES

I. — Arthur de Gobineau

1. Qui était Gobineau ? — Né le 14 juillet 1816, à Ville-d'Avray, le comte Joseph-Arthur de Gobineau appartenait à la petite noblesse de province. Sa famille n'avait jamais oublié ses lointaines origines normandes et cela devait permettre plus tard à Gobineau de se donner des ancêtres vikings, d'authenticité plus que discutable, en écrivant l'*Histoire d'Ottar Jarl, pirate norvégien* dont il apparaissait comme le dernier surgeon.

Elevé par sa mère, sa première éducation solitaire préserva en lui un idéalisme chimérique, mais l'écarta du réel et du concret.

Quand il atteignit 14 ans, sa mère s'installa à Bienne où, au collège cette fois, il suivit un enseignement donné en allemand, qui l'initia aux antiquités latines et grecques, et surtout aux langues orientales dont les difficultés d'écriture et de grammaire semblaient le passionner et ainsi former dans son esprit et dans son cœur le double amour de la Germanie et de l'Orient.

Il arriva à Paris à cette période que l'on a qualifiée de Renaissance orientale et suivit les cours de Silvestre de Sacy, Burnouf, Quatremère.

C'est la rencontre qu'il fit de Tocqueville (sans doute chez Ary Scheffer) qui décida de son destin en le faisant sortir de la médiocrité et en lui accordant le temps et le loisir d'écrire une œuvre dont nous ne retiendrons évidemment ici que l'*Essai sur l'inégalité des races humaines*. Il accomplit d'abord quelques recherches pour Tocqueville. Les liens noués entre les deux hommes à cette occasion devaient aller en se resserrant puisque, devenu ministre des Affaires étrangères en 1849, Tocqueville fit de Gobineau son chef de cabinet. Quelle que fût la brièveté des fonctions du ministre, c'était déjà avoir un pied dans la maison, et dès novembre de la même année, le général d'Hautpoul, qui assurait l'intérim des Affaires étrangères après la démission de Tocqueville, nomma Gobineau premier secrétaire à l'Ambassade de France à Berne. Le voici définitivement entré dans « la carrière ». L'*Essai sur l'inégalité* parut en quatre volumes en 1853 et 1855. Entre-temps, Gobineau avait représenté la France à Hanovre et Francfort ; sa carrière diplomatique se poursuivit jusqu'en 1877, il vécut ensuite à Rome : c'est en s'y rendant que, en octobre 1882, il mourut subitement et solitairement à Turin.

2. **La vision gobinienne des problèmes.** — Gobineau, d'entrée de jeu, s'interroge sur la fin des civilisations : pourquoi et comment meurent-elles ? Après avoir réfuté toutes les solutions déjà proposées (influence des institutions, des religions, des climats) et montré qu'elles ne pouvaient constituer à elles seules une explication satisfaisante, il livre la clef du système nouveau qu'il propose et qui repose essentiellement sur la race.

Si la race apparaît comme le véritable facteur

de transformation des sociétés, il faut souligner qu'il ne s'agit pas d'une race immobile et figée dans une résistance ferme aux influences du dehors. Les civilisations déclinent en raison de la dégénérescence de leurs qualités héréditaires, or cette dégénérescence est due au mélange des races ; mais la civilisation ne se développe que quand une nation en a conquis une autre ; par conséquent, il n'apparaît pas comme exagéré de dire que le mélange des races est facteur de civilisation et a pu seul permettre à l'homme de sortir de la barbarie.

Ainsi nous trouvons une contradiction fondamentale, dont Gobineau est parfaitement conscient, et pour lui, comme la langue pour Esope, le mélange des races est à la fois la meilleure et la pire des choses : l'espèce humaine est soumise à une « double loi d'attraction et de répulsion... qui est dans sa première partie tout à la fois l'indice de l'aptitude à la civilisation chez une race et l'agent de sa décadence ».

La loi de répulsion, dont on pense tout de suite qu'elle serait le fondement d'une doctrine raciste, est au contraire aux yeux de Gobineau condamnable : les primitifs qui s'y refusent ne seront jamais civilisés : « Une partie de l'humanité est en même temps atteinte d'impuissance à se civiliser jamais, même au premier degré puisqu'elle est inhabile à vaincre les répugnances naturelles que l'homme, comme les animaux, éprouve pour le croisement. »

La loi de répulsion est d'autant plus facilement surmontée qu'il existe une loi d'attraction qui est l'apanage des peuples forts, « un peuple d'élite marqué comme tel d'une propension marquée à se mêler à un autre sang » constitue l'élément qui va fonder par l'alliance avec une race inférieure et vaincue « une race nouvelle... faisant preuve de qualités spéciales résultant du mélange même et inconnues aux deux familles génératrices ». Malheureusement sur une telle pente, il n'y a pas d'arrêt, et de croisements en mélanges, on aboutira à la dégénérescence : « Les grands du même coup ont été abaissés et c'est un mal que rien ne compense ni ne répare », il eut fallu que le mélange restât discret et infime, qu'il fût utilisé à dose homéopathique.

Il resterait à expliquer par quelles démarches intellectuelle et psychologique Gobineau a été amené à construire cette antinomie. Sa bonne foi n'est pas pour autant suspecte ; il a lui-même, dans l'avant-propos de la deuxième édition *post mortem* de l'*Essai* (1884), marqué suffisamment le caractère contingent et subjectif de sa thèse : « Ma théorie a été ce qu'elle était avec sa faiblesse et sa force, son exactitude et sa part d'erreur, pareille à toutes les divinations de l'homme. » Voilà qui exclut toute prétention « scientifique » dans la mesure où la divination ne relève pas de la raison. Bien mieux « ce livre... est l'expression des instincts apportés par moi en naissant » et « je n'ai pas estimé que je pusse me connaître sans savoir ce qu'était le milieu dans lequel je venais vivre et qui en partie m'attirait à lui par la sympathie la plus passionnée et la plus tendre, en partie me dégoûtait et me remplissait de haine, de mépris et d'horreur ». Ces formules apparaissent encore édulcorées par rapport à celle qu'il donnait en 1877 dans un projet d'avant-propos où il écrivait que la théorie de la race « est une conséquence naturelle de mon horreur et de mon dégoût pour la démocratie ». Il ne pouvait guère mieux confesser le subjectivisme de sa théorie : le drame intérieur de l'homme, qui a nourri les plus grands cris d'Augustin à Pascal, Gobineau le résolut par un conflit racial.

3. Les diverses races humaines. — A) *Les trois races fondamentales.* — Non sans hésitations Gobineau adopte la division courante de son temps en trois grandes familles noire, jaune et blanche. Bien qu'il ait dédaigné l'action des milieux, il semble pressentir que la couleur est un caractère fort secondaire qui pourrait bien précisément provenir de la température ou du degré d'insolation. Les Noirs constituent la variété « la plus humble » qui « gît au bas de l'échelle ». « Elle ne sortira jamais du cercle intellectuel le plus restreint. » Les Jaunes, à la différence des Noirs, n'ont que des désirs faibles et en toute chose tendance à la médiocrité. L'amour de l'utile, le respect de la règle, en un mot la *raison pratique*, voilà ce qui résume le caractère jaune. Les caractéristiques de la race blanche sont moins précises, mais c'est sans doute parce que « le beau ne se peut aisément résumer »... Le mobile spécifique de son action serait l'honneur. C'est à une véritable apologie de la race blanche qu'aboutit l'auteur de l'*Essai* : « Faisant preuve à son début d'une intelligence bien éveillée et forte, elle domine les autres variétés incomparablement plus nombreuses non pas en vertu d'une autorité acquise sur ces rivales humiliées puisque aucun contact n'a eu lieu, mais déjà de toute la hauteur de l'aptitude civilisatrice sur le néant de cette faculté. » Voici donc les trois éléments de base prêts à se rencontrer sur le globe au début des âges historiques : la diffusion des Noirs s'est opérée vers le sud (Afrique, Asie méridionale), les Jaunes ont inondé la Chine et l'Europe ; les Blancs établis dans l'Hindou Kouch se sont répandus sur le monde entier et les premiers mélanges qui vont se produire fixeront à jamais les traits des réservoirs humains d'où sortiront les nations modernes.

B) *Les premiers mélanges des Blancs et des Noirs*, et leurs conséquences quant à la civilisation. Parmi les hommes blancs des hauts plateaux d'Asie centrale, Gobineau distingue trois familles principales : Chamites, Sémites, Japhétides (auxquelles il conserve les noms bibliques de la famille de Noé).

a) *Le gouvernement des peuples.* — C'est à un raccourci dramatique ou à une anticipation de ce que sera la lamentable histoire de l'Occident que les Chamites et Sémites nous ont fait assister. Les Chamites blancs lors de leur apparition au milieu des Noirs furent regardés comme des Dieux et ne protestèrent pas (*Homo homini deus ;* ce sera plus tard l'aventure des Espagnols conquérant l'Amérique) ; le premier système de gouvernement fut une théocratie parce que le Blanc fut Dieu. Mais la loi d'attraction « au double visage triste et souriant » fit son œuvre de métissage. La vague sémite ne put, elle, être considérée comme divine car elle trouvait devant elle des sujets qui avaient du sang blanc : de sacerdotal et de monarchique le gouvernement devint aristocratique et républicain.

b) *L'art.* — La source d'où les arts ont jailli est étrangère aux instincts civilisateurs. Elle est cachée dans le sang des Noirs. La puissance des arts sur les masses se trouvera toujours être en raison directe de la quantité de sang noir que celles-ci pourront contenir. Voilà de quoi surprendre ! Gobineau lui-même est conscient de l'effet inattendu de sa *conclusion toute rigoureuse* et il ne peut s'empêcher d'écrire : « C'est, dira-t-on, une bien belle couronne que je pose sur la tête difforme du Nègre... » Mais le génie artistique n'a surgi « qu'à la suite de l'hymen des Blancs avec les Nègres ». Le principe que l'on trouve dans le sang noir ne pourrait donc pas s'exprimer tout seul, il a besoin de l'alliance du Blanc.

C) *Les Arians.* — Ce sont les Japhétides, c'est-à-dire le troisième rameau des hommes blancs venus d'Asie centrale. Gobineau qui veut éviter toute confusion avec les Ariens sectateurs de l'hérésie d'Arius écrira Arians et non Aryens ; tant que nous étudierons ses théories, nous userons de sa terminologie. Le physique de la race donne lieu à un éloge dithyrambique. Gobineau note que : « Pour la conformation physique, c'était la plus belle [race] dont on ait jamais entendu parler... les hommes dont l'aspect physique a inspiré les sculpteurs de l'*Apollon Pythien*, du *Jupiter d'Athènes*, de la *Vénus de Milo* formaient la plus belle espèce d'hommes dont la vue ait pu réjouir les astres et la terre. » De si belles dispositions corporelles expliquent que les Arians soient aussi supérieurs par l'esprit et « aient à dépenser une somme inépuisable de vivacité et d'énergie ». Le pouvoir politique était organisé pour une société d'hommes libres et égaux et trouvait son système le plus élaboré aux Indes où, guidés par le désir de conserver le souverain pouvoir à la race blanche, ils imaginèrent un état social hiérarchisé suivant le degré d'élévation d'intelligence : les castes.

Ainsi selon les mots mêmes de Gobineau « le problème avait trouvé sa solution idéale... », mais le système fut employé trop tard et le bouddhisme allait lui porter un coup fatal.

D) *Les Jaunes.* — Gobineau en donnait un portrait physique assez fantaisiste et peu flatteur : « Un nez, une bouche, de petits yeux sont jetés dans des faces larges et plates », « évidemment le créateur n'a voulu faire qu'une ébauche » ; et il avait ce trait remarquable « les cheveux sont rares chez la plupart des peuplades. On les voit cependant et comme par réaction *(sic !!)* effroyablement abondants chez quelques-unes et descendant jusque dans le dos ».

4. Panorama gobinien de l'histoire occidentale. — A) *La Grèce.* — La tribu ariane des Hellènes vint occuper le nord de la péninsule des Balkans et soumit des autochtones de nature ethnique différente : population jaune et éléments mélaniens ou sémitiques. Ces héros des temps préhomériques préparèrent la grandeur macédonienne.

Mais l'action délétère du sang noir sur les qualités politiques des Blancs ne tarda pas à se faire sentir : « Avec ou sans la tyrannie, le gouvernement des cités grecques était exécrable, honteux parce que... ses racines premières, certaines bien qu'inaperçues, plongeaient dans l'avilissante conception que les races noires se font de l'autorité. » Dans tout le sud de la Grèce on se dirigea vers l'évolution démocratique : « Le sang sémitique prédominait dans les chaumières ; il avait gagné aussi les palais. »

Si l'on songe que, peu ou prou, les démocraties modernes se réfèrent aux exemples helléniques, on conviendra de l'intérêt de cette notation : il faut « l'esprit tordu des pédants et la mauvaise foi des rhéteurs théoriciens » pour « recommander l'anarchie athénienne à l'imitation de nos sociétés ».

B) *Les Celtes.* — Les habitants primitifs de l'Europe du Nord étaient des Jaunes venus de l'Amérique par l'Alaska. Les Celtes furent l'alluvion blanche qui vint recouvrir cette nappe jaune. La préhistoire du Blanc apparaît donc aussi teintée de Jaune dans le Nord qu'elle l'a été de Noir dans le Sud ; ce mélange Blanc-Jaune est le fondement ethnique de l'Europe occidentale ; la vocation servile des Jaunes resta longtemps marquée : c'est elle qui a produit la population actuelle des campagnes françaises : « Certains bas-bretons avec leur taille courte et ramassée, leur tête grosse, leur face carrée et sérieuse, leurs yeux souvent bridés et relevés à l'angle extrême trahissent... la présence irrécusable du sang finnique à très forte dose. » Plus tard Broca devait baptiser du nom de Celtiques les bruns moyens du plateau central de la France et des régions alpines. On voyait ainsi dans les campagnes françaises une race très particulière, surtout mongolique, et fermée par son extraction même à la civilisation contemporaine qui est d'essence germanique..

C) *Rome.* — Si la Rome des origines compta des peuples Blancs fort divers mais tous mélangés de Jaune, la Rome sémitique fut la résultante des mélanges provenant de la conquête. De là, cet Empire romain, objet du dégoût violent de Gobineau : « Cette nation qui n'en était pas une, cet amas de peuples dominé par un nom commun, mais non pas par une race commune » et le portrait imaginaire qu'il donna du Romain de l'Empire n'était guère plaisant : « Un homme de moyenne taille, faible de constitution, et d'apparence, généralement basané, ayant dans les veines un peu de sang de toutes les races imaginables... insolent, rampant, ignorant, voleur, dépravé, prêt à vendre sa sœur, sa fille, sa femme, son pays et son maître et doué d'une peur sans égale de la pauvreté, de la souffrance, de la fatigue et de la mort... pour tout dire et sans rien outrer, presque tout ce que la Rome impériale connut de bien sortit d'une souche germanique. »

D) *Les Arians germains.* — Ils habitaient au VIIIe siècle avant J.-C. sous le nom d'Ases ou Arians un Etat de la Russie centrale dont la capitale était Asgard et ils se répandirent sur l'Europe. L'invasion des Huns au ve siècle ap. J.-C. les poussa jusqu'à l'Atlantique.

Mais à la longue, la Romanité allait « user sa dominatrice comme les flots usent le rocher » et finalement lui survivre. Si les nations germaniques se sont petit à petit dissoutes dans les détritus des races diverses qui peuplaient l'Europe, toutes les traces de sang arian n'ont pas pour autant disparu.

E) *Les nations modernes.* — Tous les mouvements importants des sociétés modernes ont eu pour raison la lente absorption des Germains dans les couches ethniques préexistantes et par hypothèse inférieures.

A côté d'une Scandinavie dont les habitants ne sont plus assez nombreux mais dont des rois comme Gustave-Adolphe et Charles XII ont été de dignes Arians, la Russie est fort dédaigneusement appréciée. Seule la présence d'étrangers nombreux dans ses éléments dirigeants a pu la contraindre à faire figure en Europe. Ceux qui voient dans la Russie un pays neuf, vierge, force de l'avenir ne sont que des « esprits abusés » ; en réalité, « les Slaves sont une des familles les plus vieilles, les plus usées, les plus mélangées, les plus dégénérées qui soient ». N'ayons pas la cruauté d'ironiser sur le sens aigu de la prophétie gobinienne... comparé à celui de Tocqueville.

En Italie certes, le sang lombard avait dû céder à la romanité ascendante ; la Renaissance devait témoigner une fois de plus de l'emprise vénéneuse de Rome sur les esprits et c'est la France qui allait apparaître comme la triste continuatrice de cette œuvre de nivellement et de désagrégation : « Elle dirigea, exécuta en chef, l'absorption des hautes positions sociales au sein d'une vaste confusion de tous les éléments ethniques que leur incohérence et leur fractionnement lui livraient sans défense. » L'Allemagne, chose curieuse, n'est pas mieux traitée que la France, elle aussi a beaucoup dégénéré et « si l'allemand moderne a emprunté au latin l'expression *schreiben* (écrire), c'est que les Allemands ne sont pas d'essence germanique ». Voilà une assertion que Gobineau devra se faire pardonner pour être accueilli avec faveur outre-Rhin.

L'Angleterre, en revanche, a gardé des caractères sinon purs, du moins assez préservés de l'arian. « Les Anglo-Saxons représentent parmi tous les peuples sortis de la péninsule scandinave le seul qui ait conservé une certaine portion apparente de l'essence ariane. » Il n'empêche que les vagues de la Romanité ont battu les côtes de la Grande-Bretagne.

5. **Bilan de l' « Essai ».** — A) *Conclusions.* — L'œuvre examinée met plus en évidence des qualités d'imagination poétique qu'une véritable aptitude à l'étude scientifique. Gobineau ayant répandu sur le globe, du Noir au sud, et du Jaune au nord, et toute civilisation résultant par hypothèse d'un afflux de sang blanc, tout mélange entraînera soit excès de passion, anarchie, despotisme, soit outrance de raison, sans idéal, et pure satisfaction des intérêts matériels. A l'époque historique, il n'est pas un peuple qui n'ait porté dans ses veines un peu de chacun de ces éléments dans des proportions variables ; aussi l'interprétation de l'histoire sera-t-elle bien simplifiée : la prédominance au sud du teint bronzé et de la passion brûlante, au nord de la raison froide et de l'épiderme clair relève du lieu commun. L'*Essai* a été, pour Gobineau, l'occasion de conforter, scientifiquement, croyait-il, ses choix et ses antipathies politiques.

La psychologie de Gobineau se reflète dans l'atmosphère générale de son ouvrage : celui-ci est empreint d'un pessimisme incontestable. La fin de l'*Essai* en témoigne dans quelques lignes dont les images et la forme ne sont pas sans beauté littéraire et qui annoncent pour lui le destin de l'humanité : « Les troupeaux humains, accablés sous une morne somnolence, vivront dès lors engourdis dans leur nullité comme les buffles ruminants dans les flaques stagnantes des marais Pontins... La prévision attristante, ce n'est pas la mort, c'est la certitude de n'y arriver que dégradés ; et peut-être même cette honte réservée à nos descendants nous pourrait-elle laisser insensibles, si nous n'éprouvions, par une secrète horreur, que les mains rapaces de la destinée sont déjà posées sur nous. » Cette vue d'esthète désabusé ou désespéré s'explique parce que Gobineau a conscience que la partie a été jouée, a été perdue et qu'aucune force au monde ne pourra rendre aux races la pureté et la splendeur originelles qui avaient été les leurs. Cette impuissance à changer quoi que ce soit est une « heureuse impuissance », nous aurons l'occasion de le souligner.

B) *Le destin de l'Essai.* — L'œuvre n'a pas sur le moment retenu l'attention des historiens. La première critique que l'on puisse utilement signaler est celle du naturaliste Quatrefages qui, à juste titre, reprocha à Gobineau les vues anthropologiques assez simplistes qui se reflètent dans l'*Essai*. Au moment de la parution de l'*Essai*, les réactions les plus caractéristiques et les plus intéressantes devaient venir de ce Tocqueville qui avait « fait » la carrière de Gobineau et qui lui avait gardé de l'amitié. Tocqueville s'efforçait de soumettre sa conception du monde à des exigences religieuses ou philosophiques, en l'occurrence chrétiennes et humanistes. Or la doctrine de Gobineau n'est pas chrétienne. Il le lui écrivait : « Le christianisme a évidemment tendu à faire de tous les hommes des frères et des égaux, votre doctrine en fait tout au plus des cousins dont le père commun n'est qu'au ciel », et il le met en garde : « Ne voyez-vous pas que de votre doctrine sortent naturellement tous les maux que l'inégalité permanente enfante, l'orgueil, la violence, le mépris du semblable, la tyrannie et l'abjection sous toutes ses formes ? » Trois ans plus tard, il prévient Gobineau que son ouvrage est utilisé dans un sens qu'il n'a ni voulu ni prévu : « Par qui ? par les propriétaires de Nègres et en faveur de la servitude éternelle qui se fonde sur la différence radicale de la race... dans le monde, le gros des chrétiens ne peut pas éprouver la moindre sympathie pour vos doctrines. » A tout cela Gobineau répondait que, en conscience, il n'avait fait que rechercher la vérité et que si celle-ci n'était pas morale, ce n'était pas de son fait.

Tocqueville avait conclu que la chance de l'*Essai* était de revenir en France par l'étranger et surtout par l'Allemagne. Il est certain que l'œuvre de Gobineau a joui d'une grande vogue outre-Rhin entre 1870 et 1914. L'importance donnée aux Germains et le culte de l'Arian blond devaient y plaire, mais il ne faut pas dissimuler une des contradictions les plus stupéfiantes de l'aryanisme. Nous avons vu Gobineau saisir toute occasion pour nier l'identité de ses héroïques Germains avec les Allemands modernes ; malgré cela, son œuvre vulgarisée avec une idéalisation surajoutée du mythe teutonique, sera pour une bonne part dans l'accroissement de l'orgueil de la « race » en Allemagne. L'amitié que Gobineau avait nouée à Francfort avec le comte

Prokesch Osten, président du *Bundestag*, la faveur de Richard Wagner qui lui demanda un article pour les *Bayreuther Blätter*, et se fit son zélé propagandiste, la création en 1894 d'une *Gobineau Vereinigung* par Ludwig Schemann, tout cela témoigne de son audience. Schemann, qui est devenu en quelque sorte son exécuteur testamentaire littéraire, écrira en 1917 *Gobineau der ist unser* en le mettant à côté de Hindenburg.

C) *Place de Gobineau.* — Faut-il voir dans Gobineau le premier raciste doctrinaire ? Il a été le premier dans un livre au titre provocant à former des hypothèses et à émettre des généralisations qui ne pouvaient qu'encourager les auteurs postérieurs. Il a donc été considéré, en général, comme un des pères du racisme. Mme Buenzod écrit qu'il a été sans doute « l'un des hommes, peut-être même l'homme, qui a contribué le plus puissamment dans les temps modernes à exalter la *conscience de race* ». Cependant, on ne saurait lui imputer la responsabilité directe des mises en pratique atroces de la doctrine : il en aurait sans doute été stupéfait, lui qui considérait les Juifs comme « un peuple libre, un peuple fort, un peuple intelligent et qui avait... fourni au monde presque autant de docteurs que de marchands », et qui croyait à la nécessité du mélange racial comme ferment indispensable de la civilisation. Le jugement de H. S. Chamberlain est à ce sujet assez éloquent ; il note que parmi ses propres adversaires « les plus subtils se sont avisés d'un ingénieux moyen pour discréditer mes idées : ils les ont identifiées avec celles du comte de Gobineau ». C'est qu'en effet Chamberlain n'est pas comme l'auteur français un aigri et un désabusé : il a un vigoureux optimisme, pour lui tout pourra encore être sauvé et il est significatif que le grand reproche qui vienne sous sa plume soit que « la doctrine gobinienne exclut toute application pratique des idées de race ».

Il n'en reste pas moins que si l'influence de Gobineau a été parfois exagérée, et si, comme le note finement M. Gaulmier, on a commis bien des contresens sur la pensée gobinienne, c'est de celle-ci, comprise comme elle l'a été, qu'il faut partir : « Professeurs et hommes d'Etat allemands... firent de Gobineau un personnage important dans l'histoire de la pensée du XIXe siècle. Dans l'histoire des idées on attache souvent moins d'importance à leur vérité qu'à leur prestige. » Le malheur posthume de Gobineau, c'est qu'un livre fantaisiste, sceptique et négatif ait pu être considéré comme un ouvrage scientifique plein de promesses ; il a, c'est sûr, servi de tremplin, à ceux qui venaient après lui.

II. — H. S. Chamberlain

1. **L'auteur.** — Houston Stewart Chamberlain n'a aucun lien de parenté avec les trois hommes d'Etat anglais qui portèrent ce nom. Petit-fils d'un diplomate anglais et fils d'un amiral, il naquit à Portsmouth en 1855. Il passa son enfance à Versailles et fit ses études d'abord à Cheltenham College puis dans des écoles suisses, enfin dans une université allemande. La France, l'Angleterre et l'Allemagne sont ainsi les trois pays qui lui permirent une grande aisance dans la pensée occidentale.

Installé définitivement en Allemagne, Chamberlain y épousa la dernière fille de Richard Wagner dont il devint le gendre posthume. Il y acheva sa formation esthétique dans les *Bayreuther Blätter* qui accueillirent ses premiers essais, il écrivit des articles dans *Politisch-Anthropologische Revue* et fut membre de la *Gobineau Vereinigung.* Son livre fondamental *Die Grundlagen des neunzehnten Jahrhunderts* (1899) fut traduit en français en 1913 par Robert Godet sous le titre *La Genèse du XIXe siècle* (titre dont la traduction a été suggérée par l'auteur lui-même). Sa pensée fondamentale est la conservation du sang germanique grâce à la lutte contre les éléments étrangers au germanisme racial : savoir l'esprit catholique romain et le judaïsme. Pendant la première guerre mondiale, il crut à la possibilité d'une victoire allemande ; il la souhaita à tel point qu'il se fit naturaliser allemand en 1917. Il parlait de la mission divine de l'Allemagne, il rencontra Adolf Hitler à Bayreuth en 1923 et pressentit le destin de l'ancien peintre. Il mourut en 1927 et Hitler tint à assister en personne à ses obsèques.

2. **Théorie de la race.** — Chamberlain écarte les caractères patents (la couleur blonde des cheveux, le dessin général du visage) et il écarte aussi les mensurations anthropologiques. Elles concernent un groupe humain donné et par conséquent n'ont pas de valeur en elles-mêmes. Le véritable critère déterminant de la race sera d'ordre purement psychologique. Par un art qui tient du subjectivisme le plus pur, chacun de nous devrait, d'un coup d'œil pénétrant et sûr, pouvoir reconnaître les races (n'en est-il pas ainsi chez l'éleveur de bestiaux qui a le goût et le génie de sa profession ?). Ceci laisse d'autant plus rêveur que, à ce sujet, Chamberlain rapporte l'anecdote de fillettes qui « se mettent à hurler dès qu'un Juif ou une Juive pur sang les approche... il suffit d'un regard ingénu pour éclairer comme un rayon de soleil la vérité ». L'anecdote est controuvée, il s'agissait en réalité d'une précoce petite antisémite qui, au parc Monceau, à Paris,

refusait de jouer avec des bambins de son âge lorsqu'elle les savait israélites : c'était l'application stricte des consignes d'intolérance qu'elle recevait chez elle. En effet, contrairement aux allégations de Chamberlain, le sens de la race, bien loin d'être inné chez les enfants, est imposé par la société : témoin ce bébé parisien de 18 mois, de pure race blanche qui, au premier Africain du plus beau noir, qui se penche sur son berceau, tend les bras en criant : « Papa ! » Voilà un cas très net qui vient contredire l'argument raciste (mais il faut se méfier malgré tout de l'utilisation des « cas »).

Ce sont les critères intellectuels et moraux qui déterminent la race. La tâche que se fixe Chamberlain est d'explorer le passé pour éclairer l'avenir. C'est ainsi que pour lui, Ambroise, évêque de Milan, apparaît comme de souche plus pure que l'évêque d'Hippone, c'est ainsi qu'à cause de leur poésie populaire les Slaves sont des Germains... Il y a plus : si chacun de nous possède un certain degré de culture, il pourra non seulement reconnaître l'appartenance raciale d'autrui, mais encore se prononcer sur ses propres origines ethniques. « Celui qui interroge sans prévention et en toute naïveté la mère nature... peut être certain de recevoir la réponse qu'une mère donnerait à son fils : réponse d'une logique pas toujours rigoureuse, mais réponse essentiellement juste, intelligible et visant avec un sûr instinct le bien de celui qui l'a sollicitée. Il en est ainsi de la question sur le sens de la RACE, une des plus importantes, peut-être la plus vitale de toutes celles qui se posent pour l'homme. Posséder sa « RACE » dans sa propre CONSCIENCE, cela certes est plus directement convaincant que tous les raisonnements. Celui qui appartient à une race déterminée, à une race pure l'éprouve chaque jour... la race élève un homme au-dessus de lui-même, elle lui confère des capacités extraordinaires, j'allais dire surnaturelles, tant elle le différencie de l'individu issu d'un pêle-mêle chaotique de toutes sortes de peuples. » C'est parce que l'on ressent tout cela par une certitude quasi mystique que « les enquêtes scientifiques sur le point de savoir s'il y a réellement des races distinctes, si la race a une valeur » importent peu. « Remettons les bœufs devant la charrue et disons : c'est l'évidence même qu'il y a des races ; c'est un fait d'expérience directe que la qualité de la race possède une valeur décisive. » On peut donc penser que, toutes les nations d'Europe s'étant depuis deux mille ans profondément mélangées, la race pure n'existe plus et que personne ne risque d'entendre la réponse de la Mère Nature. Il n'en est rien. A la différence de Gobineau, désabusé, Chamberlain ne voit pas l'humanité moderne comme « les buffles ruminants dans les flaques stagnantes des marais pontins », il est hélas ! lui, optimiste, courageux et constructeur. La chute n'est pas sans rédemption, la déchéance de la race n'est pas sans remède ; on peut faire renaître la pureté du sang dans un groupe humain à condition d'en prendre les moyens. Depuis l'époque où Gobineau affirmait la déchéance définitive de l'humanité, la science biologique a beaucoup progressé. Darwin a montré que le croisement efface les caractères spécifiques des races : *Free crossing obliterates characters*, et chez les animaux déjà cela joue, bien sûr, au plan physique, mais aussi, ajoute Chamberlain : « Cela est vrai surtout des dispositions morales, on voit des chiens bâtards fort avisés, on n'en connaît pas qui méritent pleine confiance ; ce sont toujours des coquins. » De plus, « une race devient noble petit à petit et ce processus d'ennoblissement peut commencer de nouveau à chaque moment ». Les races humaines qui se défont si souvent sous nos yeux peuvent donc se refaire. La « discipline de la race » exige l'utilisation de « cinq lois de nature » qui sont autant de conditions de formation des races nobles.

a) *Une matière première d'excellente qualité* est sans contredit la condition essentielle. Mais à peine cette exigence formulée, Chamberlain, avec une inconséquence dont il ne semble même pas conscient, ajoute : « Mais si quelqu'un me demandait d'où vient cette matière première, je lui répondrais que je n'en sais absolument rien et que je suis sur ce point tout aussi ignorant que si j'étais le plus grand des savants ».

b) *Une pratique endogamique prolongée :* il n'y aura de relations procréatrices qu'entre les plus proches parents d'une race, et la race se multipliera à l'intérieur d'elle-même, c'est le régime endogénique *(Insucht)*.

c) *La sélection* doit jouer à l'intérieur de ce régime : elle opère un triage entre les éléments à reproduire et ceux à éliminer. Bien sûr ici la familiarité avec les principes de l'élevage tel qu'il se pratique artificiellement pour les plantes et les animaux permet de mieux comprendre la loi de sélection.

d) *La nécessité du mélange*, assez surprenante sous la plume de Chamberlain, est la quatrième loi : Gobineau, lui, avait déjà reconnu cette nécessité pour aboutir à la civilisation ; Chamberlain invoque l'exemple des Grecs anciens et ... des chiens de Terre-Neuve : « Le vrai Terre-Neuve s'est formé par croisement d'un chien d'esquimaux avec un chien courant français, puis il a atteint à la fixité et à la pureté de son type par l'effet d'une endogénie prolongée... et enfin le type... est parvenu par sélection au plus haut degré d'ennoblissement. » « Nous n'avons pas le moindre prétexte pour considérer l'espèce humaine comme une exception... et puisque... nous ne sommes pas en mesure d'expérimenter sur l'homme, il faut bien que nous prenions conseil des essais tentés sur l'animal et sur la plante. »

e) *Les mélanges doivent être déterminés et limités.* Certains croisements ennoblissent la race, mais pas tous ; il y en a qui au contraire détruisent les deux races en cause. Il faut donc des conditions précises, rigoureuses. D'autre part, les croisements doivent être limités dans le temps, cela veut dire que l'infusion du sang nouveau doit s'effectuer aussi rapidement que possible, puis cesser : « Un mélange persistant mène la race la plus forte à la ruine. » Ce n'est pas sans un certain malaise que l'on relit dans la deuxième moitié du XXe siècle les phrases suivantes : « Nous ne sommes pas en position de parquer un certain nombre d'hommes et de les prendre pour sujets d'expériences qu'il faudrait poursuivre pendant plusieurs générations... Ne laissons pas toutefois d'être assurés que si l'on pouvait instituer d'artificiels élevages d'hommes, on y obtiendrait des différences énormes aussi, au point de vue corporel, différences dans les dimensions, les proportions, la pillosité, etc. » Cette impossibilité que constatait Chamberlain — sans doute avec regret — a été levée quelques décennies plus tard par les nazis.

3. La perspective historique des races. — A) *La genèse du peuple juif.* — Elle va apparaître comme une application des cinq lois envisagées. Elle pose un problème contemporain et immédiat dans la mesure où nous vivons dans un « âge juif ». Les Juifs méritent l'admiration de Chamberlain pour la maîtrise avec laquelle ils utilisent la LOI DU SANG pour répandre leur domination : « La souche principale reste sans tache, pas une goutte de sang étranger ne s'y infuse. » Les filles juives peuvent épouser des non-Juifs, mais les fils ne peuvent prendre pour épouses des filles étrangères. Les Juifs apparaissent « comme un élément particulier et proprement étranger dans notre vie ». Leur influence dans l'histoire européenne « n'est pas négligeable et est assurément funeste en bien des sens », ils ont une « responsabilité... dans mainte sinistre aventure historique, dans la déchéance de maint peuple héroïque et vigoureux ».

Les Juifs sont sortis d'un croisement entre des types humains tout à fait différents. Mais la race juive a pris conscience de sa tare originelle, il y a dans ces croisements qui ont abouti à un abâtardissement « un crime de lèse-sang, un crime contre nature », l'existence du peuple juif « est péché, son existence est un crime contre les saintes lois de la vie... ce n'était pas l'individu, mais le peuple entier qui devait être lavé d'une faute commise non pas consciemment mais inconsciemment ».

C'est en tout cas l'occasion de noter qu'ici les Juifs sont présentés comme appartenant avant tout à une *race* et non principalement à une religion. Nous sommes loin de l'antisémitisme à base religieuse ou même économique du moyen âge. Nous sommes loin même des statuts de Tolède... L'idéologie raciale qui caractérise le XIXe siècle avait isolé les Juifs. Toussenel en faisait « les rois de l'époque », cinquante ans plus tard, peu avant Chamberlain, Drumont en dressait un portrait *physique* qui dépasse de loin les caricatures médiévales : « Les principaux signes auxquels on peut reconnaître le Juif restent donc : ce fameux nez recourbé, les yeux clignotants, les dents serrées, les oreilles saillantes, les ongles carrés au lieu d'être arrondis en amande, le torse trop long, le pied plat, les genoux ronds, la cheville extraordinairement en dehors, la main moelleuse et fondante de l'hypocrite et du traître. Ils ont assez souvent un bras plus court que l'autre. » Dès 1880, Dühring les considérait comme « une race pernicieuse autant qu'insupportable ». C'était là vraiment un nouvel aspect de l'antisémitisme ; il perdait son originalité et n'était plus dès lors qu'un élément d'un ensemble plus grand : le racisme.

B) *Le chaos ethnique.* — C'est l'ensemble des peuples renfermés dans l'ancien espace géographique de l'*Imperium Romanum.* Déniant toute bravoure aux Grecs dans la bataille de Salamine, Chamberlain n'hésite pas à opposer la cruauté sémito-hellénique à la douceur iranienne. L'Art et la Pensée grecs ont existé certes, et il y eut des chefs-d'œuvre, mais combien Gœthe ou Richard Wagner leur furent supérieurs. Les Romains ont eu bien sûr un ferme sentiment du droit mais celui-ci s'est sclérosé avec Justinien et ses collaborateurs. Il va de soi que l'édit de Caracalla (Caracalla, le sanguinaire monstre syriaco-punique !) accordant en 212 le droit de cité romaine à tous les habitants de l'Empire précipita la chute de la civilisation : il n'y aura plus de citoyens, il n'y aura que des sujets. L'écrivain Lucien de Samosate résuma en sa personne toutes les tares de son époque, et il peut être comparé à Heine ! (on sait les bûchers que les nazis firent des livres de ce dernier).

Resté chrétien (à sa manière), Chamberlain garde quelque sympathie pour l'Eglise des premiers siècles ; s'il lui reproche un ascétisme rigide, il va vite en donner une explication raciale : si les anachorètes chrétiens se refusent à la procréation, c'est que ces esprits pénétrants, ayant deviné le secret de leur temps, veulent éviter de transmettre une fois de plus un sang souillé par tant de mélanges : « Les êtres nobles se détournaient avec un haut-le-cœur de ce monde d'abomination... mortifiaient leur chair et faisaient pénitence. Puis ils disparaissaient sans laisser d'enfants. »

La Renaissance fut une période de résurgence du chaos ethnique qui avait été masqué au moyen âge par la mince couche germanique des invasions du ve siècle. Le chaos s'incarnait au XVIe siècle dans un homme comme Ignace de Loyola : l'inspiration de son œuvre est mauvaise, car il n'est pas de race pure, il est Basque !... « En Ignace de Loyola, je présente donc au lecteur le type de l'Anti-Germain. » Il est curieux de rapprocher des assertions de Chamberlain, l'opinion de l'antisémite forcené que fut E. Drumont, qui écrivait dans *La France juive* : « Le jésuite est d'ailleurs tout l'opposé du Juif, Ignace de Loyola est un pur Aryen. » Que Napoléon soit un « émissaire du chaos » ne sera pas pour surprendre, il peut passer pour le juste complément d'Ignace de Loyola, c'est une nouvelle personnification de l'antigermanisme. La conclusion de tout ceci est qu'évidemment « moins un pays est germanique, moins il est civilisé. Passer de Londres à Rome... c'est passer aussi de la civilisation la plus raffinée et de la haute culture dans la semi-barbarie : saleté, ignorance, menterie et misère ».

C) *Les Germains.* — La conception que Chamberlain a du germanisme est plus extensive que celle de Gobineau. Son sens ethnique est plus centre-européen *(mitteleuropaeisch)* et moins scandinave, mais il n'accepte dans les rangs des Germains que les vrais Slaves.

Quant aux Celtes, leur part est encore plus belle ; l'apôtre Paul dans l'épître aux Galates (d'origine celtique) s'adressait à eux sur un tout autre ton que celui dont il usait envers les Romains dégénérés. Au moyen âge, la poésie du cycle breton était proche de l'âme germanique. Duns Scot et Abélard étaient en théologie de bons représentants des Celtes. Au XVIIIe siècle, la France était encore aryenne, puisque Voltaire qui en est l'expression intellectuelle typique fut un pur Germain par son anticatholicisme. Mais, bien entendu, la Déclaration des Droits de l'Homme fut une émanation de la bourgeoisie et du chaos des peuples.

Chamberlain parle des Germains avec un enthousiasme égal à celui dont Gobineau témoignait pour ses Arians. Sur le chaos ethnique du Bas-Empire : « Un seul rayon de lumière brilla sur ce monde dégénéré. Il vint du Nord. *Ex septentrione lux.* » Chamberlain était d'une utilisation plus facile et plus directe que Gobineau pour les pangermanistes : ceux-ci l'ont suivi sans tergiversation ni délais, d'autant plus que l'étude des capacités religieuses des trois races venait renforcer le messianisme raciste.

4. Le sens religieux des trois races européennes. — Ce qui est important, c'est avant tout la *Weltanschauung*, la vision et la conception du monde professées par chaque groupe ethnique.

A) *La monolâtrie judaïque.* — Au milieu du XIXe siècle, c'était une conviction bien arrêtée chez la plupart des historiens des religions que le peuple juif avait été plus que d'autres doué d'une remarquable capacité religieuse. Or, dès le début de son ouvrage, Chamberlain affirme nettement le contraire : « Il n'y eut jamais de créatures humaines plus lamentablement dénuées sous ce même rapport de la religion que les Sémites et surtout leurs demi-frères les Juifs... et nous nous traînons, esclaves volontairement mutilés des Juifs derrière l'arche d'alliance de Iahveh ! » Par comparaison avec les races aryennes, le peuple juif est, au plan religieux, d'une extrême stérilité.

B) *Le chaos ethnique et la religion.* — Il n'est pas étonnant que la sévérité de Chamberlain se fasse ici très grande, et que les Méditerranéens soient, quant à leur conception du monde, placés en dessous des Juifs. « Quant au ramas d'Africains, Egyptiens et autres métis qui aidèrent à bâtir l'Eglise chrétienne, ce n'est pas la peine d'en parler. » « Le Français oscille entre un scepticisme desséchant qui ne le préserve pas de l'intolérance et un cléricalisme farouche qui l'y incite, ... les Européens méridionaux tombés à l'idolâtrie sans fard se sont exclus par là du monde des peuples cultivés. » Mais toujours prêt à s'enflammer d'une sympathie de *gentleman* pour ses adversaires, Chamberlain se plaît à rendre justice au talent gouvernemental de l'Eglise, « car la perfection de la méthode organisatrice, la puissance du facteur traditionnel, la connaissance du cœur humain sont des choses pour lesquelles Rome est grande et admirable plus qu'on ne saurait dire ».

C) *Le charisme religieux du Germain.* — Quand on songe à l'attitude hostile et méprisante de Chamberlain à l'égard des Juifs on ne peut qu'être étonné de voir naître en Palestine le Christ, fondateur d'une religion qui sera considérée par lui dans sa pureté comme spécifiquement aryenne. C'est que le Christ n'était pas Juif ! Le parler des Galiléens montre à l'évidence qu'il ne l'était pas et « il est si probable que Jésus n'avait pas dans ses veines une seule goutte de sang juif que cette probabilité équivaut presque à une certitude ». En outre, si bien des attitudes du Christ pouvaient le faire prendre pour un Aryen, les Germains étaient particulièrement aptes à recevoir le message chrétien : « En Jésus-Christ était apparu au monde le génie religieux absolu ; nul n'était mieux fait que le Germain pour entendre cette voix divine... » Mais tout cela devait être oblitéré pour longtemps, « la religion... n'a jamais été capable d'arracher la camisole de force qui lui fut imposée, dès l'avènement des Germains dans l'histoire universelle, par des mains indignes, par les bâtards du chaos ethnique ». « Aussi, Gœthe pouvait-il chanter de tout son cœur : « C'est ton titre de gloire, ô fils de l'Allemagne, d'avoir haï le christianisme ! » » Il faut donc que, fidèle à sa vocation profonde et à sa mission, l'Allemagne élabore et diffuse une nouvelle religion : « Un christianisme pour nous acceptable n'existait proprement pas, or il est devenu possible enfin. » Si cela ne venait pas à se produire, Rome qui possède des « alliés naturels en tous les ennemis du germanisme » ne tarderait pas à triompher. « S'il ne se produit pas bientôt parmi nous une renaissance vigoureuse... si nous ne réussissons pas à débarrasser notre christianisme des oripeaux étrangers qu'il traîne après lui »... si nous n'arrivons pas à créer « une religion si exactement adaptée à l'essence particulière de notre type germanique... alors attendons-nous à voir surgir des ombres de l'avenir un second Innocent III, avec un nouveau concile de Latran, attendons-nous à voir se rallumer les bûchers de l'Inquisition ». Moins de dix ans après la mort de Chamberlain, une religion raciste était en place : tous ces thèmes explosifs et fumeux fournissaient aux dirigeants nazis des bases à leur action politique et constituaient les ratiocinations élémentaires sur lesquelles elle reposait. Si les bûchers de l'Inquisition n'avaient pas été rallumés, la fumée des fours crématoires assombrissait le ciel des hommes.

III. — Vacher de Lapouge et l'anthroposociologie

1. Les fondements de l'anthroposociologie. — A) *La méthode et les idées politiques de Vacher de Lapouge.* — Français comme Gobineau, Vacher de Lapouge devait tirer de cours libres qu'il avait professés à l'Université de Montpellier la matière de trois volumes : *Les Sélections sociales* (1896), *L'Aryen, son rôle social* (1899), *Race et milieu social* (1909). Il allait être le créateur et l'un des fleurons de l'école anthroposociologique. Pour elle, tout reposait sur des données « scientifiques », mensurables, tout tenait essentiellement au critère de l'indice céphalique qui se trouve à la base de la division en brachycéphales (chiffres forts, têtes larges) et dolichocéphales (chiffres faibles, têtes longues). C'est par le pourcentage de brachycéphales et de dolichocéphales qu'on s'efforce de déterminer la valeur et les aptitudes d'une race et d'une population. Disons tout de suite que les résultats apparaissent en gros comme un hymne de louange au dolichocéphale blond.

Quant aux idées politiques, Lapouge déteste l'égalité qui tend de plus en plus à pénétrer dans la société par la voie de la démocratie. Aux fictions de Justice, d'Egalité, de Fraternité, la politique scientifique préfère la réalité des Forces, des Lois, des Races.

B) *La sélection sociale.* — Broca parlait de sélection « sociale » pour marquer que, dans le groupe, le processus de la sélection naturelle était complété ou remplacé par les critères sociaux du mérite ou du succès. Chacune développe les caractères utiles à l'individu, considéré tantôt comme membre d'une espèce, tantôt comme membre d'une société. Dans nos sociétés modernes, c'est l'action sélective du milieu social qui joue le plus grand rôle, mais elle ne va pas forcément dans le sens d'une amélioration de la race. La nature renforce et améliore le type ; la sélection sociale, elle, assure trop souvent la prépondérance des médiocres.

Lapouge désignait par « sélection interne », les succès remportés par les individus ou les groupes dans le milieu social, et par « sélection interstitielle » il entendait l'invasion du groupe par des éléments étrangers qui venaient en faire baisser la qualités. Ainsi, dans le cimetière de Montpellier, pour les XVIIe et XVIIIe siècles, les crânes provenant des tombes des classes supérieures avaient un indice de 74,8, ceux provenant des tombes ordinaires un indice de 78,3. C'était là, pour lui, un signe du succès remporté par les dolichocéphales dans la sélection interne, et si Lapouge y voyait la manifestation d'une sorte de justice naturelle dans la vie sociale, il devait convenir que la sélection interstitielle avait joué un rôle efficace, mais funeste, en entraînant une brachycéphalisation croissante des Français. Cela devait l'amener à une sorte de pessimisme voisin de celui de Gobineau, les classes supérieures dolichocéphales perdant chaque jour du terrain en Europe occidentale.

2. Les lois de l'anthroposociologie. — A) *Classification des races européennes.* — a) *Homo europaeus.* — Grand, blond, dolichocéphale au visage long (dans les îles Britanniques et l'Europe du Nord-Ouest), il est au point de vue psychologique, dominateur, sûr de lui, ambitieux. Il a du courage, de l'initiative et ne demande à l'Etat que de respecter son activité ; en religion, il est protestant, car son indépendance ne peut s'accommoder de l'autorité de l'Eglise : c'est un cousin de « l'Arian » tel que le concevait Gobineau.

b) *Homo alpinus.* — De petite taille, brun, la tête et le visage ronds, c'est le brachycéphale dont les types sont l'Auvergnat... et le Turc. Il prédomine en France, en Italie, dans les pays balkaniques. Attaché à la tradition, il travaille lentement, et loin d'essayer d'être le premier cherche à se cacher derrière son voisin. Politiquement il est « le parfait esclave, le serf idéal... et dans les républiques comme les nôtres le citoyen le mieux vu, car il tolère tous les abus ». Il est catholique, il aime la médiocrité et craint le progrès. C'est lui qui est à la base des civilisations grecque et romaine ainsi que de l'Europe occidentale.

c) *Homo mediterraneus* est brun et dolichocéphale. On en trouve des types exacts chez le Napolitain et l'Andalou. Mais comme il y en a d'innombrables variétés, Lapouge s'appesantit moins sur cette dernière catégorie.

B) *La loi d'Ammon et la dolichocéphalie urbaine.* — Cette loi due au savant allemand Ammon, un des fondateurs de l'anthroposociologie, est appelée aussi loi de concentration urbaine des dolichocéphales. C'est à partir de l'examen des recrues militaires de Baden en 1886 qu'elle fut élaborée. On découvrit des différences entre les populations rurales et urbaines, quant à la couleur des yeux et des cheveux et surtout quant à la forme de la tête. Alors que l'indice céphalique se situait aux alentours de 80 pour Mannheim, Heidelberg, Karlsruhe, il était de 85 pour les populations rurales avoisinantes. Les recrues des villes avaient la tête plus longue et plus étroite que celles des campagnes et cette observation rejoignait des constatations analogues faites en France ou en Italie. On devait conclure en faveur de certains processus sélectifs : c'étaient les plus ambitieux et les plus énergiques des paysans qui émigraient vers les villes, ceux qui étaient les plus dolichocéphales parmi les ruraux : ainsi par une sorte d'effet cumulatif, la population des villes devient de plus en plus dolichocéphale (et à l'intérieur de celle-ci, les classes dirigeantes sont dolichocéphales à un plus haut degré que les autres) tandis que, bien sûr, dans les campagnes, le taux de brachycéphalisation a tendance à s'accroître. Ainsi l'école anthroposociologique allait entre 1888 et 1900 se livrer à des enquêtes qui amenaient à mesurer des milliers de crânes. Ammon subdivisait le groupe urbain en trois catégories : les urbains proprement dits (citadins nés de citadins), les semi-urbains (citadins nés de campagnards), les semi-ruraux (campagnards émigrés en ville), et il s'efforçait de démontrer que ces derniers étaient plus dolichocéphales que ceux qui demeuraient à la terre.

C) *Les lois fondamentales de Lapouge.* — Au nombre de onze, elles dérivaient toutes de la loi d'Ammon, et nous n'en retiendrons que deux.

Loi des indices urbains. — L'indice céphalique des populations urbaines est inférieur à celui des populations rurales qui les englobent immédiatement. Des constatations de cette sorte furent faites dans l'Aveyron, aux environs de Montpellier, dans l'ouest de la France, en Allemagne.

Loi des intellectuels. — Le crâne des intellectuels est plus développé dans toutes ses dimensions, et surtout en largeur. Il y aurait à ce sujet une modification de la largeur de la partie antérieure de la boîte crânienne qui peut se continuer toute la vie ; Gladstone en est un exemple célèbre et Lapouge déclare avoir observé ce phénomène sur lui-même...

3. **Critique des lois anthroposociologiques.** — A) *Loi de concentration urbaine des dolichocéphales.* — La cause profonde du fait que les têtes longues sont relativement plus fréquentes dans les villes de France et d'Allemagne est de nature histo-

rique : le type alpin est arrivé tardivement en Europe occidentale et s'est installé principalement dans des régions élevées comme les Vosges, la Savoie ou l'Auvergne. Les villes retenues par Ammon et Lapouge (aussi bien celles de la vallée du Rhin que Montpellier et ses environs) se trouvent à proximité de régions peuplées par des brachycéphales. Ces villes, qui étaient relativement « dolichocéphales » au départ, tendirent à devenir « brachycéphales » par immigration, mais le furent moins que la montagne voisine.

En outre, il y a dans l'école anthroposociologique une contradiction : on déclare que c'est le type dolichocéphale qui immigre dans les villes, mais celles-ci se peuplent de plus en plus de brachycéphales. Cela ressort nettement des tables publiées par Lapouge, notamment en ce qui concerne le département de l'Aveyron : l'indice céphalique moyen y est de 85,5 : sur 70 000 émigrants, 26 736 se rendirent dans la Seine dont l'indice céphalique est de 81,5 et 18 191 dans le département de l'Hérault où l'indice céphalique est de 82,5. Il est clair qu'ils se rendaient là dans des départements dont l'indice céphalique est inférieur à celui de l'Aveyron. C'est donc une erreur d'affirmer que le type teutonique a tendance à vagabonder et à émigrer et que les brachycéphales obtus demeurent dans les campagnes... Il faut aussi remarquer la petitesse des différences d'indices qui, par exemple, pour les 300 000 conscrits étudiés en Italie par Livi, est inférieure à l'unité. Dans l'ensemble l'analyse des tables de statistiques dressées par Ammon est satisfaisante et donne des indications dans le sens souhaité par son auteur. Mais le seul indice céphalique suffit-il pour fonder une thèse aussi absolue ?

B) *La loi de stratification sociale ou la prétendue supériorité du dolichocéphale.* — Le grand blond, teuton ou nordique, se rencontre fréquemment parmi les classes supérieures et l'indice céphalique diminue graduellement de la classe paysanne à celle des artisans et de cette dernière à celle des professions libérales, telles sont les conclusions auxquelles arrivait l'école anthroposociologique ; mais elle avait l'honnêteté de reconnaître qu'elle était fortement embarrassée par ce que l'on appelle la « loi des intellectuels », selon laquelle, comme classe spéciale, les intellectuels montraient une tendance à avoir une tête large et ronde (ce qui confirmerait la formule populaire « avoir une grosse tête »). « L'intellectuel tend à avoir avec la longueur crânienne de sa catégorie, ou au-delà, une largeur plus forte... il sera un eurycéphale, un faux brachycéphale » écrivait Lapouge à ce sujet. Mais cet argument n'expliquait pas grand chose, et l'impossibilité où l'on était de soutenir que la supériorité psychique ou intellectuelle fût due à la dolichocéphalie ou à la complexion blonde ne fût pas sans porter un coup sérieux aux thèses de l'Ecole. On fit remarquer que les « Nègres » étant de tous les peuples les plus dolichocéphales auraient dû être à la pointe du progrès, or c'est l'Aryen dont Lapouge écrivait en 1899 : « Il prédomine dans les arts, l'industrie, le commerce, les sciences et les lettres ; il est le grand promoteur du progrès. » C'est de cet Aryen que, critiquant Lapouge, le Dr Houzé, anthropologue belge, devait dire en 1906 « en tant que type ethnique, l'Aryen est l'enfant trouvé des linguistes ; l'anthroposociologie lui a servi d'asile ».

Les doctrines de l'école anthroposociologique renforçaient puissamment l'arrogance raciale, le culte de l'homme du Nord, blond, dolichocéphale, mythe du pangermanisme et du chauvinisme teuton. Lapouge avait misé exclusivement sur l'indice céphalique et dès 1887 avait écrit : « Je suis convaincu qu'au siècle prochain on s'égorgera par millions pour un ou deux degrés en plus ou en moins dans l'indice céphalique ; c'est à ce signe remplaçant le shiboleth biblique et les affinités linguistiques que se feront les reconnaissances... les derniers sentimentaux pourront assister à de copieuses exterminations de peuples. » Moins de soixante ans après, l'humanité entière avait pu vérifier la rigoureuse exactitude de cette sombre prophétie.

CHAPITRE IV

LE NATIONAL-SOCIALISME

Avec le national-socialisme nous arrivons au point où les doctrines racistes sont mises en œuvre d'une manière si efficace qu'il est difficile de faire le départ entre théorie et pratique. Il faut ajouter que *Mein Kampf* ne se veut pas un livre de doctrine, mais d'action, de « combat » et que l'on y retrouve, plus ou moins mal digérés, par un autodidacte qui fut un homme d'action génial, les thèmes d'infériorité raciale conçus antérieurement. Alfred Rosenberg et F. K. Günther apparaissent comme les « intellectuels » du parti et, par comparaison avec *Mein Kampf*, comme des auteurs savants qui se voudraient de profonds penseurs, mais qui ne parviendront à l'être aux yeux de certains que par le caractère abscons et fumeux qu'ils donneront à leurs passions racistes.

I. — Hitler et « Mein Kampf »

Hitler écrivit *Mein Kampf* en 1924 dans la forteresse de Landsberg am Lech ; l'ouvrage compact en deux volumes qui devait constituer la Bible du national-socialisme et dont l'auteur s'opposait à ce qu'il fût traduit, est le fruit de l'intelligence volontairement simplificatrice d'un homme dont les lectures sont peu nombreuses ; il veut faire preuve d'un gros bon sens et ses arguments doivent frapper le lecteur moyen par leur caractère simpliste. Hitler avait sans doute été en la matière à bonne école, car il semble avoir lu assidûment à Vienne, la revue *Ostara* dirigée vers 1905 par Jorg Lanz von Liebenfels qui avait hissé sur son château de Werfenstein l'étendard à croix gammée (déjà !)... ; à travers bien des élucubrations où l'ésotérisme le dispute à la sottise, voire à la bouffonnerie, Liebenfels poursuivait le dessein de fonder « un ordre masculin de héros aryens appelés à former l'avant-garde de la race des seigneurs blonds aux yeux bleus dans la lutte sanglante avec les races métissées inférieures ». A cette même époque circulait une littérature à thèse, de bas étage, dont le type est le roman d'Arthur Dinter, *Le péché contre le sang*, et dont l'élément à retenir est le suivant : une jeune fille ayant eu des relations avec un Juif donna naissance à un enfant qui d'ailleurs ne devait pas vivre ; elle épousa ensuite un Aryen et l'enfant qu'elle en eut ressemblait au premier, avec un type juif caricatural ; c'est l'appel à la prétendue hérédité d'imprégnation *(télégonie)*, préjugé de pure fantaisie, entretenu par beaucoup d'éleveurs d'animaux domestiques.

Jamais sans doute le racisme à l'état pur n'a été prôné de façon aussi complète comme fondement et ressort d'une politique. C'est peut-être d'ailleurs parce que Hitler ne reculait pas devant les formulations les plus définitives que beaucoup hors d'Allemagne ne le prirent pas au sérieux et pensèrent qu'il s'agissait là, tout au plus de *flatus vocis*, et d'exagérations outrancières qui ne seraient jamais mises en pratique. Jamais dans l'Histoire le Juif n'avait joué un pareil rôle de bouc émissaire. C'est à Vienne dans sa jeunesse que Hitler avait pris conscience du rôle néfaste joué par les Juifs : « Était-il une saleté quelconque, une infamie sous quelque forme que ce fût surtout dans la vie sociale, à laquelle un Juif au moins n'avait pas participé ? » Presse, art, littérature, cinéma, théâtre sont des domaines où le jeune Hitler repère les Juifs qui « agissent comme les pires des bacilles et empoisonnent les âmes ». C'est là que l'on voit poindre un thème qui sera repris, amplifié et répandu par la propagande nazie : celui de la coïncidence et de la collusion entre la juiverie et le marxisme : en proclamant l'égalité, la prédominance du nombre, en contestant l'importance de la race, « la doctrine juive du marxisme » est contraire « à la nature éternelle et entraînerait la fin de tout ordre humainement concevable ». Voilà pourquoi, conclut le futur Führer, « en me défendant contre le Juif, je combats pour défendre l'œuvre du Seigneur »...

L'appel à la nature est en effet le point de départ fort concret des développements quelque peu pédants et très didactiques sur lesquels Hitler fonde le racisme : « Les formes innombrables que prend la volonté de vivre de la nature sont soumises à une loi fondamentale et quasi inviolable... tout animal ne s'accouple qu'avec un congénère de la même espèce : la mésange avec la mésange, le pinson avec le pinson, la cigogne avec la cigogne... le loup avec la louve. » C'est pourquoi la nature s'oppose à ce qu'une race supérieure se mélange avec une race inférieure. Le croisement des races est un péché « contre la volonté de l'Eternel, notre Créateur ». Quant à l'idée que le propre de l'homme soit de vaincre la nature, c'est là une « objection spécifiquement judaïque aussi comique que niaise ». Les peuples qui se métissent sont ou seront obligatoirement vaincus et rayés de la carte des nations ; ce ne sera pas là une injustice, mais le rétablissement du droit car « le péché contre le sang et la race est le péché originel de ce monde et marque la fin d'une humanité qui s'y adonne ». Et c'est le Juif qui va apparaître comme le *diabolus ex machina*, celui qui dégrade la pureté de la race aryenne, le ferment de la corruption physique ou morale : « Le jeune Juif, aux cheveux noirs, épie pendant des heures, le visage illuminé d'une joie satanique, la jeune fille inconsciente du danger... De même qu'il corrompt systématiquement les femmes et les jeunes filles, il ne craint pas d'abattre dans de grandes proportions les barrières que le sang met entre les autres peuples. Ce furent et ce sont encore des Juifs qui ont amené le Nègre sur le Rhin toujours avec la même pensée secrète et le but évident : détruire, par l'abâtardissement résultant du métissage, cette race blanche qu'ils haïssent. » La complicité et la concordance d'intérêts qui existent entre les Juifs et la race noire pour la perversion et la perte du malheureux continent européen est un thème qui revient souvent, c'est d'ailleurs la France qui en est la grande responsable : « Ce peuple, qui tombe de plus en plus au niveau des Nègres, met sourdement en danger, par l'appui qu'il prête aux Juifs pour atteindre leur but de domination universelle, l'existence de la race blanche en Europe. »

Car si le Juif est l'ennemi, pour la pensée hitlérienne, le Nègre est vraiment l'inférieur et le passage suivant est révélateur et typique d'une pensée proprement raciste qui s'exprime avec une telle inconscience, on n'ose dire une telle candeur, qu'il nous paraît utile de le citer intégralement :

« A quel point l'humanité fait en ce moment fausse route, c'est ce que prouve l'exemple suivant... De temps en temps les journaux illustrés mettent sous les yeux de nos bons bourgeois allemands le portrait d'un Nègre qui, en tel ou tel endroit, est devenu avocat, professeur ou pasteur ou même ténor, tenant les premiers rôles ou quelque chose de ce genre. Pendant que nos bourgeois imbéciles admirent les effets miraculeux de ce dressage et sont pénétrés de respect pour les résultats qu'obtient la pédagogie moderne, le Juif, rusé, y découvre un nouvel argument à l'appui de la théorie qu'il veut enfoncer dans l'esprit des peuples et qui proclame l'égalité des peuples. Cette bourgeoisie en décadence n'a pas le plus léger soupçon du péché qu'on commet ainsi contre la raison ; car c'est une folie criminelle que de dresser un être, qui est par son origine un demi-singe, jusqu'à ce qu'on le prenne pour un avocat, alors que des millions de représentants de la race la plus civilisée doivent végéter dans des situations indignes d'eux. On pèche contre la volonté du Créateur quand on laisse les hommes les mieux doués étouffer par centaines de milliers dans le marais du prolétariat actuel, tandis qu'on dresse des Hottentots et des Cafres à exercer des professions libérales. Car il ne s'agit là que d'un dressage comme pour un caniche et non d'une « culture » scientifique. Si l'on consacrait les mêmes efforts et les mêmes soins aux races douées d'intelligence, n'importe lequel de leurs représentants serait mille fois plus capable d'obtenir des résultats pareils. »

Tout ceci va bien sûr entraîner un certain nombre de devoirs pour l'Etat raciste. Il va s'agir tout d'abord de revaloriser le mariage ; pour cela, il convient de le sortir de « l'abaissement où l'a plongé une continuelle adultération de la race et de lui rendre la sainteté d'une institution destinée à créer des êtres à l'image du Seigneur et non des monstres qui tiennent le milieu entre l'homme et le singe ». Il faut donc veiller à la pureté du sang (et ici, est-il besoin de le dire, ce terme est pris dans son acception populaire d'ensemble des facteurs héréditaires et non dans son sens biologique de tissu sanguin). Aussi bien la stérilisation des êtres malades ou tarés entre-t-elle dans un plan d'eugénisme orienté vers l'amélioration de la race. Heureusement, il n'y a pas que cet aspect négatif et triste de lutte contre les dégénérés, il y a la mission exaltante et pleine d'espoir de la construction d'un état raciste ! Le culte du corps et des activités sportives sera développé : si la beauté corporelle n'était pas de nos jours reléguée au second plan par les variations de la mode, « des centaines de milliers de jeunes filles ne se laisseraient pas séduire par de repoussants bâtards juifs aux jambes torses ». Cette beauté physique, comme l'anoblissement du caractère, ce sont des choses que l'homme pourra obtenir par une victoire sur lui-même, et l'on respire ici un optimisme tout Chamberlainien : « les hommes ne s'attacheront plus alors à améliorer par l'élevage les espèces canines, chevalines ou félines ; ils chercheront à améliorer la race humaine ». C'est si vrai qu'un « Etat qui à une époque de contamination des races veille jalousement à la conservation des meilleurs éléments de la sienne doit devenir un jour maître de la terre ». Telle est l'avant-dernière phrase de *Mein Kampf*.

II. — Rosenberg et « Le Mythe du vingtième siècle »

Alfred Rosenberg, Balte d'origine esthonienne, naquit sujet russe en 1893 et, comme Chamberlain, fut naturalisé Allemand ; il devait militer aux côtés de Hitler à Munich et participer aux émeutes de 1923, être élu député au Reichstag en 1930, et publier, la même année, son principal ouvrage *Der Mythus des zwanzigsten Jahrhunderts*. Il fut en 1941 nommé ministre du Reich pour les territoires occupés de l'Est, condamné à mort lors du procès de Nuremberg et pendu dans cette ville le 16 octobre 1946. Bien que Rosenberg fut souvent considéré comme l'idéologue officiel du Parti, son *Mythe du XX*e *siècle* n'avait suscité chez Hitler qu'un enthousiasme modéré :

celui-ci avouait d'ailleurs n'en avoir fait qu'une lecture superficielle, le trouvant trop abstrus, et soulignait avec plaisir et malice que ce furent surtout les condamnations du cardinal Faulhaber et de l'Eglise catholique qui en accélérèrent la vente.

Le thème de la race et de la pureté du sang domine l'ouvrage, mais celui-ci se présente de façon plus construite et structurée que l'œuvre d'Hitler qui a un peu l'aspect d'un fourre-tout. Tout ce qui est nordique (il semble préférer ce terme à celui d'aryen) a pour lui de la valeur : à l'opposé se situe le « chaos des races » qui trouve son meilleur accomplissement dans le Juif déraciné. Rosenberg était d'une part beaucoup plus foncièrement anticatholique et antichrétien que Hitler et d'autre part, il s'attaquait à tout ce qui était universel : francs-maçons, jésuites, socialistes, marxistes qu'il accusait au fond d'avoir voulu dominer la race et l'âme allemandes.

C'est avant tout à l'étude de l'histoire du point de vue racial (une fois de plus après Gobineau et Chamberlain) que Rosenberg se livrait : il entendait dégager la valeur suréminente de la race et lui subordonner toutes les autres valeurs.

C'est l'histoire universelle qui va permettre à l'homme de replacer au premier plan, qui est le sien, la notion de race. L'hypothèse d'une Atlantide, centre nordique de la création, étant admise, c'est de là que s'est répandue « sur la terre entière une race blonde aux yeux bleus qui en plusieurs grandes vagues a déterminé la face spirituelle du monde ». Les tribus hellènes du Nord se laissèrent corrompre lorsque la démocratie l'emporta : « Les barbares étrangers deviennent Athéniens comme plus tard les Juifs d'Orient deviendront Allemands. » D'ailleurs Socrate n'était pas Grec, il fut le « social-démocrate international de ce temps-là », il opposait la raison à la nature, annonçait une humanité abstraite, et sa prédication du raisonnable et du bien fut « parallèle à la décomposition de la race et de l'âme grecque » qui devait engendrer les *Graeculi* méprisés du Bas-Empire. Les vieux Romains à la Caton furent de vrais Germains, mais la racaille romaine et le chaos des peuples abâtardirent très vite ces vertus de haute race, d'autant plus que le christianisme apportait avec la doctrine du péché originel et la théorie de la grâce des notions tout à fait contraires aux idées racistes.

L'Histoire que Rosenberg a retracée de l'Europe se termine pour la France par le bouquet suivant : « Des régions entières dans le Sud sont en somme mortes et absorbent déjà les indigènes de l'Afrique comme jadis Rome. Toulon et Marseille ne cessent d'envoyer dans le pays de nouveaux germes d'abâtardissement. Autour de Notre-Dame à Paris afflue une population qui se décompose de plus en plus. Nègres et mulâtres circulent au bras de femmes blanches, un quartier purement juif s'élève avec de nouvelles synagogues. De repoussants parvenus métis contaminent la race des femmes encore belles qui sont attirées de toute la France à Paris. »

Le mal est essentiellement dans l'universalisme « sous les déguisements de théocratie romaine ou d'humanité maçonnique ». Ce n'est pas en effet un des aspects les moins curieux de la pensée de Rosenberg que la complicité qu'il établit entre l'Eglise romaine, la franc-maçonnerie, le judaïsme et le marxisme qui sont le même ennemi protéiforme de la suprématie de la race germanique. La formule catholique « un seul troupeau, un seul pasteur » était à elle seule une déclaration de guerre à l'esprit germanique. Les valeurs chrétiennes d'humilité, de renoncement, de sacrifice allaient être reprises et répercutées par la franc-maçonnerie : celle-ci en accord profond avec l'Eglise, malgré une apparence d'hostilité, diffusait sous prétexte de charité et d'humanité « un universalisme sans bornes » ;

« les harangues humanitaires » et la doctrine de l'égalité des hommes ont fait à la civilisation un mal incalculable : « Grâce à elles, n'importe quel Juif, Nègre ou Mulâtre a pu devenir citoyen d'un Etat européen... Grâce à *l'humanité*, des Nègres et des Juifs peuvent épouser des femmes de race nordique. » C'est là une conséquence de l'esthétique occidentale d'une époque humanitaire qui a eu grand tort de chercher l'homme en général et non le Grec, le Juif, le Germain ou le Chinois. En fin de compte on retrouve la triple collusion Juifs-Nègres-France que Hitler dénonçait déjà : « La politique française a mis la race noire sur le même pied que la race blanche et de même qu'il y a cent quarante ans la France a pris l'initiative d'émanciper les Juifs, elle est aujourd'hui la première responsable de la souillure infligée à l'Europe par les Noirs et si cela continue on ne pourra presque plus la considérer comme un Etat européen, mais plutôt comme une annexe de l'Afrique dirigée par les Juifs. »

Le bien consiste, lui, évidemment dans tout ce qui est fait pour l'épanouissement de la race nordique. La femme, à laquelle de longs passages plus que misogynes sont consacrés, n'en est pas moins la gardienne de la vie, c'est donc à elle qu'appartiendra la mission fondamentale de préserver la pureté de la race : « Si on persiste à considérer le Syrien de Kurfurstendamm comme un citoyen et un homme qu'on peut épouser »... alors on ira à un abâtardissement généralisé. Il faut purifier et améliorer la race : l'encyclique pontificale de 1931 sur le mariage chrétien, selon laquelle il n'est pas permis de porter atteinte à l'intégrité des corps humains capables de contracter mariage doit être vigoureusement repoussée par tout Allemand sain. La stérilisation chirurgicale des malades et des criminels récidivistes, l'interdiction entre Allemands et Juives du mariage ou même de simples relations sexuelles, voilà qui fait partie du programme minimum souhaitable, car ce sont là de simples mesures de prophylaxie. Il faudra aussi créer une nouvelle religion : l'ancienne, celle de l'Eglise syrio-judéo-orientale barre « la route aux forces organiques des peuples de sang nordique », car pour aussi curieux et inattendu que cela puisse paraître les idées de Rosenberg sur la religion sont parfaitement liées au racisme : c'est ainsi qu'il faut « supprimer une fois pour toutes le soi-disant Ancien Testament comme livre religieux » ; c'est le seul moyen de faire échec à la vieille tentative de judaïsation des Allemands. Il convient de remanier les Evangiles, de ne retenir du Christ que les aspects de combat et de gloire ; ainsi remplacera-t-on le crucifix, symbole de faiblesse et de souffrance par d'autres signes ; de même l'Evangile ne saurait être une doctrine de lâcheté. Il faut, en un mot, subordonner l'idéal de l'amour du prochain à l'idée d'honneur national, ne jamais perdre de vue que c'est au caractère germanique que le christianisme doit ses valeurs durables, et toujours se demander si les formes religieuses fortifient ou non la structure raciale de la nation.

Voilà du racisme à l'état pur ; nous avons rassemblé les formules les plus percutantes et elles peuvent étonner ceux qui les auraient oubliées ou ceux qui sont trop jeunes pour les avoir connues ; ajoutons celle-ci : « Autodéfense... est la clef de la « croisade » allemande contre le Juif, le Nègre, le « Sidi », le Syrien, et autres sangs dont l'apport ne pourrait qu'abâtardir l'Allemagne. » Cette phrase est extraite d'un opuscule intitulé *Guerre aux Juifs*, sous la signature d'un inquiétant quatuor : Hitler, Rosenberg, Gœbbels, Streicher, édité en français, à Paris, en 1938, par le « Centre de Documentation et de Propagande ».

III. — La mise en œuvre

A la différence de ce qui avait pu se passer jusque-là, les hommes qui avaient élaboré ces élucubrations irrationnelles allaient se trouver portés à la tête d'un Etat. Leurs responsabilités politiques leur donnaient donc l'occasion de passer de la théorie à la pratique, de la parole à l'action. Il n'entre point dans notre propos de retracer ici dans le détail la mise en œuvre du racisme hitlérien, mais tout au plus d'en rappeler les principaux aspects, pour montrer qu'il semble difficile d'aller plus loin dans l'horreur et surtout dans la volonté systématique et préconçue d'extermination raciale qui demeure le trait le plus caractéristique et le plus effroyable du système.

Certes, les massacres de populations civiles par les troupes en campagne sont affreux et injustifiables ;

mais ce sont les moments paroxystiques des guerres qui en apparaissent, hélas, comme l'inévitable cortège et non des actes froidement prémédités et longuement mûris. Ce qui frappe dans l'extermination raciste hitlérienne, c'est la « bestialité de machine » pour reprendre l'expression de M. Roger Ikor, c'est comme l'écrivait François Mauriac : « Le massacre le plus étendu, le mieux mené, le plus médité : un massacre administratif, scientifique, consciencieux, tel que pouvait être un massacre organisé par des Allemands. »

1. Les mesures législatives. — Parmi bien d'autres lois publiées le même jour, il en est une qui présente un intérêt particulier, c'est la loi du 14 juillet 1933 destinée à empêcher « la descendance de personnes atteintes de maladies héréditaires », le type même de la mesure impérative d'eugénisme : elle prévoit la stérilisation de certaines catégories de malades, fût-ce contre leur gré. De même qu'un éleveur ne laisse pas se reproduire les sujets animaux inférieurs à leurs congénères, de même le IIIe Reich allemand devait-il enlever le droit de se reproduire à ses citoyens déficients.

Une telle loi devait bien entendu être invoquée pour une application de nature raciste : c'est contre des gens de couleur que sa menace allait être dirigée. Les soldats noirs qui avaient fait partie des troupes d'occupation française de la rive gauche du Rhin en 1919 et 1920, et de la Ruhr en 1923, y avaient laissé un certain nombre d'enfants naturels, issus de leurs rapports avec des femmes allemandes (leurs camarades blancs en avaient sans doute fait autant, mais les fruits de cette fraternisation étaient moins facilement repérables). Le 8 février 1934, un article intitulé « L'héritage de la honte noire » paraissait dans la *Deutsche Zeitung*. Hans Schröder y réclamait la stérilisation des bâtards métis. Dès 1933, les autorités allemandes avaient recensé 145 enfants de ce type et la question de leur stérilisation avait déjà été posée. En mars 1935, une commission de plus de 20 personnes étudiait le problème et, tranchant dans le vif, le Führer ordonnait le 18 avril 1937 au ministre de l'Intérieur de faire procéder à la stérilisation des « bâtards nègres ». La Wilhelmstrasse fit part de ses hésitations et de ses craintes, s'efforçant de montrer l'illégalité de la mesure ; Hitler lui-même devait le 7 mai donner au ministère de l'Intérieur l'ordre irrévocable « d'exécuter immédiatement ses instructions du 18 avril et de lui en donner confirmation » (1).

A l'égard des Juifs, sans parler des boycottages officiellement organisés pour le 1er avril 1933, une loi sur la restauration de la fonction publique venait, le 7 avril, éliminer de l'administration les éléments jugés indésirables ; tout naturellement, les non-aryens étaient au premier plan : c'est la première disposition législative raciale du IIIe Reich. Le même mois, d'autres textes excluaient les Juifs du barreau, les éliminaient pratiquement de la médecine, et limitaient le nombre des lycéens et étudiants juifs au prorata de la population juive d'Allemagne.

Tout cela ne constituait cependant que les premières mesures d'une politique résolument raciste qui s'affirmait dans la tristement célèbre législation de Nuremberg. Le Reichstag réuni exceptionnellement dans cette ville à l'occasion de la session du NSDAP (*Nationalsozialistische Deutsche*

(1) Eliahu Ben Elissar, *La diplomatie du IIIe Reich et les Juifs*, Paris, 1969, p. 155.

Arbeiterpartei) en septembre 1935, y votait en premier lieu une loi sur la citoyenneté du Reich ; ce texte établissait une distinction fondamentale entre simples ressortissants et citoyens du Reich : seuls ces derniers jouissaient de la plénitude des droits politiques. Ce n'était là que la reprise législative du point 4 du programme du Parti nazi de février 1920 : « Pour être citoyen, il faut être de sang allemand, la confession importe peu. Aucun Juif ne peut donc être citoyen. » Le même jour, une seconde loi « pour la protection du sang et de l'honneur allemands » en tirait les conséquences concrètes, en interdisant les mariages et même les relations extra-conjugales entre Juifs et citoyens allemands. Les ordonnances d'application apparaissent comme des exemples du délire génétique des soi-disant techniciens de la race : les Allemands ne se reproduiront qu'entre Allemands ; s'il y a un peu de « sang juif » dans l'ascendance lointaine, il sera noyé dans le flot du « sang allemand ». La même loi de 1935 qui interdit aux Juifs d'employer comme femmes de ménage des citoyennes de sang allemand au-dessous de 45 ans (art. 3) et de hisser le drapeau national du Reich (art. 4), déclare cependant qu' « il leur est permis de pavoiser aux couleurs juives » et ose ajouter : « l'exercice de cette autorisation est protégé par l'Etat ».

Si l'on était tenté de sourire à la vue de telles inepties, c'est là une réaction qui s'arrêterait bien vite, car « Le Pitre ne rit pas » selon le titre très suggestif de M. David Rousset. Le crime contre la race *(Rassenschande)* frappé déjà de lourdes peines, était après 1939 puni de mort. Les aspects les plus variés de la vie sociale étaient pris en considération dans plus de 250 mesures racistes antijuives avant 1939 ; les plus menus détails y étaient envisagés avec une précision bureaucratique effarante ; c'est que, tout ce qui, de près ou de loin, touche au Juif, étant considéré comme impur, de véritables tabous ont été édictés : ainsi certaines rues ou lieux publics sont interdits aux Juifs ; ainsi de nombreuses dispositions municipales leur défendaient de présenter leurs vaches ou leurs chèvres au taureau ou au bouc communal !... Une note retrouvée dans les archives du ministère nazi de la Justice et datée d'avril 1943 déclare qu'il convient de poursuivre une Juive qui, après la naissance de son enfant, a vendu son lait maternel à un pédiatre en dissimulant sa race ; il y a escroquerie « car le lait d'une Juive ne peut être considéré comme un aliment pour des enfants allemands ».

La célèbre *Kristallnacht* de novembre 1938 fut préparée de main de maître par Gœbbels et ses acolytes ; elle ne fit peut-être que 35 morts ; mais elle fut le dernier signal d'alarme permettant aux Juifs qui le pouvaient de fuir un pays qui allait devenir pour eux un enfer. Car, lorsque la deuxième guerre mondiale éclata, aucun masque n'avait plus à être mis, le système concentrationnaire commença à tourner à plein régime comme une immense machine destinée à humilier, dégrader, avilir si possible, et enfin exterminer les races inférieures en les réduisant en un peu de fumée et en camions de cendre que l'on déchargeait dans la Vistule...

2. **L'entreprise d'extermination.** — Il n'y a plus grand-chose à dire devant l'extermination systématique d'une famille humaine à laquelle s'est livré le IIIe Reich nazi, car tout jugement de valeur, toute condamnation, toute épithète ignominieuse quelle qu'elle soit, restent bien en dessous de la vérité. On rappellera simplement ici :

A) *La recherche systématique des Juifs* en vue de leur déportation n'était que l'application de la fameuse « solution finale » décidée à Berlin, le 20 janvier 1942, lors de la « conférence de Wannsee ». C'est ainsi qu'est restée tristement célèbre la rafle dite du « Vél'd'Hiv » à Paris le 16 juillet 1942. Les déportations se firent par convois entiers et les enfants eux-mêmes n'échappèrent pas à la persécution : 4 000 d'entre eux, âgés de 2 à 12 ans, furent déportés à Drancy sans parents. Lorsque l'archevêque de Toulouse, Mgr Saliège, protesta solennellement dans une lettre pastorale du 30 août contre de tels agissements, Robert Brasillach, avec une atroce ironie, répondit qu'il n'approuvait pas, lui non plus, ces séparations, « car il faut se séparer des Juifs en bloc et ne pas garder de petits » (*Je suis partout*, 25 septembre 1942). Il y avait à Drancy, en mai 1944, un enfant juif inscrit sous cette mention : « Garçon, 18 mois, terroriste. »

B) *L'extermination systématique* commençait à l'arrivée en Allemagne par une sélection impitoyable faite à la descente du train : les hommes jugés valides et aptes au travail connaissaient la vie infernale du camp de concentration ; les femmes, les enfants au-dessous de 15 ans, les malades et les vieillards partaient aussitôt pour la chambre à gaz : les cadavres avaient été au début jetés dans des fosses communes, puis ils furent incinérés sur des bûchers et enfin passés au four crématoire. « Le chiffre maximum de gazés et d'incinérés en vingt-quatre heures s'est élevé un peu au-delà de 9 000 dans toutes les installations d'Auschwitz », déclare Rudolf Hoess, le commandant du camp (l'utilisation alors nouvelle du gaz Zyklon B permettait une accélération effroyable de ce genre d'opération).

C) *Les collections soi-disant médicales* commencées par certains « médecins » (? !) allemands comme le Dr Hirt qui s'était installé à la Faculté de Médecine de Strasbourg et qui, se plaignant de manquer de crânes juifs, ajoutait : « La guerre à l'Est nous fournit maintenant l'occasion de combler cette lacune. En ce qui concerne les commissaires judéo-bolcheviks qui présentent des signes répugnants mais caractéristiques d'une humanité dégénérée, nous avons, en nous assurant la possession de leurs crânes, la possibilité d'obtenir un document scientifique concret. » Après diverses mensurations anthropologiques, le prisonnier capturé vivant, serait mis à mort, sa tête prélevée et envoyée à Strasbourg... « la tête ne devra pas être abîmée, écrivait Hirt, le délégué séparera la tête du tronc et l'enverra à destination dans des boîtes de fer-blanc fermées hermétiquement. Ces boîtes contiendront un liquide afin de conserver les têtes en parfait état. A l'aide des photos, des mensurations et finalement du crâne lui-même, les recherches anatomiques comparées, les recherches raciales, ainsi que celles relatives aux modifications pathologiques de la forme du crâne et de la forme et de la grandeur du cerveau pourront s'effectuer utilement ».

Mais bientôt les crânes ne suffisaient plus à Hirt qui réclamait des squelettes entiers et pas seulement de commissaires judéo-bolcheviks. Les cadavres reçus étant trop maigres et le camp d'Auschwitz n'étant pas en mesure de préparer convenablement les squelettes, on fit venir 87 Juifs vivants que l'on soumit à des mensurations et à des expériences de stérilisation ; en août 1943 ils furent gazés par les SS sous « surveillance médicale »... ! Dix-sept cadavres furent retrouvés lors de la Libération à l'Institut d'Anatomie de Strasbourg, ainsi que de nombreux morceaux disséqués. Il faut souligner que ces sortes d'expériences ne se produisirent pas seulement à Natzwiller-Struthof, mais dans de nombreux autres camps et qu'elles ne furent pas pratiquées exclusivement sur des Juifs mais aussi sur des Aryens que leur état de santé déficient, ou leurs attitudes politiques hostiles, ou leur appartenance à un groupe détesté, avaient ravalé au rang des animaux (ainsi les malheureuses Polonaises « lapins » de Ravensbruck, les pieds bots de Lodz, les jumeaux et les nains du Dr Mengele à Auschwitz-Birkenau).

Il convient enfin de signaler l'institution assez mystérieuse des *Lebensborn* et l'activité de l'Office supérieur de la Race et du Peuplement *(Rasse und Siedelungshauptamt, RuSHA)* ; le but recherché était l'établissement et le renforcement de la véritable race aryenne pure ; deux moyens furent principalement utilisés : soit l'emploi de reproducteurs sévèrement sélectionnés, soit l'enlèvement dans les pays occupés de jeunes enfants présentant des traits irrécusables de la race germanique.

D) *Les Tsiganes* firent l'objet en 1938 d'un mémorandum qui réclamait « une solution nationale-socialiste » de la question tsigane en particulier, parce que « les Tsiganes ont une hérédité notoirement chargée, que ce sont des criminels invétérés qui constituent des parasites au sein de notre peuple et qu'ils ne sauraient qu'y produire des dommages immenses, mettant en grand péril la santé du sang de la paysannerie et son genre de vie ». Les Tsiganes furent convoyés vers les camps de concentration dès ce moment-là. En Crimée, dans la région de Simferopol, plus de 800 Tsiganes furent tués le soir de Noël 1941 ; les Oustachis de Pavelitch en firent disparaître quelque 28 000 en Croatie. Selon Rudolf Hoess, Himmler aurait voulu à tout prix assurer la conservation des deux tribus tsiganes les plus importantes qu'il considérait comme descendants directs de la race indo-germanique primitive : elles bénéficieraient de la loi sur « la protection des monuments historiques » et seraient installées dans une sorte de réserve où elles pourraient être « scientifiquement » observées... En 1942, on les expédia sur Auschwitz II-Birkenau qui en aurait contenu 16 000 au printemps 1943, et dans la seule nuit du 31 juillet au 1er août 1944 4 000 Tsiganes furent gazés.

D'autres avaient été envoyés d'Auschwitz au Struthof pour servir à des expériences sur le typhus ou la résistance aux gaz. Bien que les difficultés d'estimation chiffrée soient particulièrement grandes, M. Poliakov indique un nombre d'au moins 200 000 victimes. Il faut souligner que si « l'essence tsigane » ne pouvait permettre de construire un mythe analogue à celui du Juif, c'est le caractère de « peuple asocial » qui les livra à la persécution raciste et, en dehors des Juifs, ils sont le seul exemple d'une extermination massive qui se voulut intégrale.

E) *Le nombre des victimes* fut tel que l'on créa le triste néologisme de génocide. Plusieurs modes de calcul ont été utilisés ; M. Letchinsky a noté que le pourcentage de morts dans la communauté juive d'Europe est beaucoup plus élevé que celui des nations les plus frappées par la guerre.

En faisant une ventilation des pertes juives par rapport à l'ensemble de la population juive pour chaque pays d'Europe il arrive à 5 978 000 disparus sur 8 301 000, soit 72 % de pertes.

C'est sans doute le sinistre Adolf Eichmann qui est à l'origine du chiffre estimatif global de 6 millions de Juifs exterminés par les nazis, cet Eichmann dont son ami Wisliceny assurait devant le tribunal international de Nuremberg qu'il avait déclaré « qu'il sauterait en riant dans la tombe, car l'impression d'avoir 6 millions de victimes sur la conscience serait pour lui la source d'une extraordinaire satisfaction » ; le jugement devait reprendre ces données mais un chiffre aussi imparfaitement étayé pourrait apparaître comme sujet à caution. M. Poliakov, en utilisant un rapport du chef de l'Inspection statistique des SS qui faisait le point de la « solution finale » à la fin de 1942, peut faire état de 4 millions de Juifs exterminés à cette date ; les Juifs hongrois, les ghettos de Pologne fournirent ensuite 700 000 nouvelles victimes et la chasse aux Juifs se poursuivit encore pendant deux ans dans toute l'Europe.

Un autre procédé consiste à additionner les chiffres minimum des lieux d'extermination. L'hypothèse la plus vraisemblable tourne autour du chiffre déjà « classique » de 6 millions.

F) *L'apogée de l'horreur.* — Nous sommes bien ici en présence non plus d'un simple antisémitisme (quelque condamnable qu'il soit), mais bien des fruits empoisonnés de la folie raciste. C'est en songeant aux différences entre l'un et l'autre dans les résultats, que Louis-Ferdinand Céline pouvait écrire dès 1938 : « Deux qui sortent par la porte, 36 000 qui rentrent par la fenêtre. Et les demi-Juifs ? pourquoi pas les demi-microbes ? Il faut savoir ce que vous voulez : vous voulez vous débarrasser des Juifs ou vous voulez qu'ils demeurent ? Si vous voulez vraiment vous débarrasser des Juifs, alors, pas 36 000 moyens, 36 000 grimaces ! Le Racisme ! Les Juifs n'ont peur que du racisme. L'antisémitisme ils s'en foutent. Ils peuvent toujours s'arranger avec l'antisémitisme. Le nationalisme est là pour un coup ! et le baptême donc ! Racisme ! Racisme ! Racisme ! Et pas qu'un petit peu du bout des lèvres, mais intégralement ! absolument ! inexorablement ! comme la stérilisation Pasteur parfaite » (1).

Les Juifs, en effet, étaient irrémédiablement condamnés, ils ne pouvaient plus s'affranchir de leur condition de Juifs, car dans une perspective raciste la « judéité » est aussi indélébile que la « négritude » pour un Africain (reste à savoir comment définir le Juif : ici aussi de faux certificats de baptême permirent en France de sauver bien des persécutés), et c'est à cela qu'est sensible Eliahu Ben Elissar lorsqu'il souligne « la différence profonde entre la législation antisémite traditionnelle, laquelle cessait de s'exercer contre un Juif dès que celui-ci apostasiait et la législation raciale de Nuremberg ».

En deux sens opposés, mais qui l'un et l'autre témoignent du caractère impitoyable et incroyable de l'extermination, il y a des réactions typiques. Rapportant qu'à l'invitation de Himmler de nombreux membres supérieurs du NSDAP et des officiers SS venaient assister à Auschwitz à l'extermination des Juifs, Rudolph Hoess, commandant du camp, précise : « Ils en étaient tous profondément impressionnés. Certains d'entre eux qui, précédemment, avaient prôné avec beaucoup d'ardeur cet anéantissement étaient terrifiés et se retranchaient dans le silence après avoir assisté à cette « solution finale du problème juif ». Ils me demandaient chaque fois, comment nous pouvions, mes hommes et moi, supporter à la longue ce spectacle. » Voilà une réaction inattendue du côté des complices des bour-

(1) *L'Ecole des cadavres*, Paris, 1938, p. 264.

reaux. Mme Latour dans un ouvrage consacré à la *Résistance juive en France*, rapporte l'accueil incrédule qui fut fait à Nice, boulevard Dubouchage, en 1943, dans un Comité d'Aide aux Réfugiés, à deux malheureux Juifs qui avaient réussi à échapper de l'enfer d'Auschwitz ; lorsqu'ils retracèrent les horreurs du camp, chambres à gaz, fours crématoires, extermination systématique des déportés, tout cela sembla à leurs auditeurs, résistants juifs pourtant, invraisemblable et abracadabrant : ils jugèrent l'esprit de ces malheureux à ce point dérangé que l'un d'eux se tapota doucement le front avec l'index, de façon significative. Et l'auteur d'ajouter : « Ceux qui l'avaient vu, cet enfer, n'étaient pas crus. Mais qui, je vous le demande, qui pouvait le croire ? » Voilà du côté des amis des victimes une réaction aujourd'hui stupéfiante...

Une telle soif exterminatrice que rien ne semblait pouvoir arrêter, si ce n'est la disparition du dernier des Juifs, permet de comprendre le caractère aveugle et mécanique d'un processus d'élimination raciste qui fonctionnait sans raison ou plutôt pour une seule : *propter nomen judaïcum*. Car elle résume tout, la dédicace, qu'en 1948, Jules Isaac plaçait en tête de son livre *Jésus et Israël* : « A ma femme, à ma fille martyres, tuées par les Allemands, tuées simplement parce qu'elles s'appelaient Isaac. »

Chapitre V

ASPECTS CONTEMPORAINS DU RACISME

I. — Les Etats-Unis d'Amérique

Si Vacher de Lapouge s'était montré bon prophète pour l'Europe, un même succès devait vérifier outre-Atlantique la prédiction de W. E. Dubois qui avait écrit : « Le problème essentiel du xxe siècle est le problème de la démarcation de couleur *(color line).* » Ce n'est pas le moindre des paradoxes que ce soit dans le pays qui se veut et qui est, à certains égards, la plus grande démocratie du monde, qu'un problème raciste se pose avec tant d'acuité. Il apparaît bien sûr comme un héritage de l'esclavage dont l'abolition (1) n'aura pas suffi à créer la fraternité entre les deux populations noire et blanche, puisque très rapidement une ségrégation officielle (2) s'installe et va aboutir à un état de droit et de fait dont on va rechercher comment sortir (3).

1. L'abolition de l'esclavage et ses conséquences. — Au lendemain de leur indépendance, les Etats-Unis avaient conservé l'esclavage comme un legs parmi d'autres de la domination britannique. Les constituants de 1787 n'avaient pas cru devoir l'abolir, ils pensaient qu'il disparaîtrait petit à petit par désuétude. Ce bel optimisme ne devait pas tarder à être démenti dans les faits ; loin de régresser il augmenta : dans les Etats du Sud, la monoculture du coton dont la production progressa en flèche exigeait une main-d'œuvre de plus en plus abondante et capable de fournir de grands efforts physiques dans un climat chaud et humide, ce à quoi on était tout heureux de réputer les Noirs particulièrement aptes (le nombre des esclaves passa de 750 000 lors de l'Indépendance à 2 millions en 1830 et à 4 millions en 1860). Le nord du pays commençait à prendre conscience de la contradiction qu'il y avait à laisser subsister sur une terre qui se voulait avant tout la patrie de la liberté (même si dans le Nord existaient déjà, sans le nom, des pratiques de ségrégation), une institution qui avait disparu ailleurs. Le succès foudroyant du fameux roman de Mrs. Harriett Beecher-Stowe, *La case de l'oncle Tom*, attestait assez le malaise de l'opinion américaine à ce sujet. Nous ne nous hasarderons certes pas à dire que la lutte anti-esclavagiste fut la cause de la guerre de Sécession, mais personne n'a nié qu'elle n'en fut une des principales raisons. Quoi qu'il en soit, au cours de la guerre même, Lincoln affranchissait en 1863 les Noirs des Etats révoltés et le XIIIe amendement à la Constitution en 1865 confirmait l'abolition de l'esclavage. L'année suivante, le *Civil Rights Act* donnait aux Noirs les mêmes droits qu'aux Blancs et le XIVe amendement accordait à toute personne née ou naturalisée aux Etats-Unis la qualité de « citoyen des Etats-Unis et de l'Etat dans lequel elle réside ». C'était là prendre le contre-pied exact du *Dred Scott Case* dans lequel la Cour suprême, en 1857, avait émis l'opinion que le Noir n'étant pas un citoyen au regard de la Constitution, le gouvernement fédéral n'avait pas le droit d'interdire l'esclavage au-delà d'une certaine ligne. Enfin en 1870, le

XVe amendement était ratifié, et il prévoyait que « le droit de vote des citoyens... ne sera supprimé ou limité par les Etats-Unis ou par un Etat, sous aucun prétexte de race, de couleur, ou de servitude antérieure ». Des lois d'application étaient votées jusqu'en 1875, et étaient destinées à rendre le droit de vote effectif en protégeant les Noirs contre toute tentative d'intimidation. Cette période de relative liberté des Noirs qui coïncida avec la Reconstruction allait être de bien courte durée. On aurait pu croire le problème résolu ; mais l'histoire et la sociologie apprennent ici l'humilité au juriste, les meilleurs textes restent lettre morte quand ils ne sont pas reçus par le corps social comme règle de droit. Le racisme était chassé par la porte, il allait aussitôt rentrer par la fenêtre, car les Noirs, qui étaient méprisés et utilisés la veille comme esclaves n'allaient pas, d'un coup de baguette magique, se trouver acceptés comme les égaux des Blancs. Les réactions du *Ku-Klux-Klan* contre les *carpet-baggers*, républicains blancs, venus du Nord pour faire l'éducation politique des Noirs témoignaient de l'hostilité intense du *deep South* contre des mesures prises par un gouvernement fédéral détesté. Lorsqu'en 1877, les Etats du Sud retrouvèrent leur autonomie et une administration *lily white* (blanche comme lys) et démocrate, la question se posa de savoir, comment, l'esclavage disparu, l'inéluctable coexistence avec les Noirs allait être organisée.

2. La ségrégation et la première moitié du vingtième siècle. — Si on admet d'après les travaux de Woodward que la ségrégation a commencé plus tard qu'on ne le pense généralement, c'est de la fin du XIXe siècle, ou du tout début du XXe, que datent les premières mesures en ce sens. Plus de

700 000 Noirs avaient été inscrits sur les listes électorales, mais nombre de mesures restrictives typiquement racistes vinrent, avec la complicité de la Cour suprême, rendre impossible l'exercice du droit de vote : conditions de résidence, analphabétisme, bonne vie et mœurs, clause du grand-père, compréhension de la Constitution... voilà quelques-uns des prétextes utilisés pour éliminer l'électorat noir. En Louisiane, le nombre des électeurs noirs tomba de 130 000 en 1896 à 3 000 en 1904.

C'est à cette époque aussi qu'apparurent les premières *Jim Crow Laws* (Jim Crow, Jacques Corbeau ou Corneille étant l'appellation populaire et péjorative pour désigner le Noir ; *cfr.* en France le sobriquet de Jacques Bonhomme). A l'imitation du Tennessee qui avait voté en 1875 la première loi sanctionnant la séparation raciale dans les chemins de fer et les tramways, tous les Etats du Sud établirent une ségrégation ferroviaire (les pancartes *White only* ou *Colored* firent leur apparition, mais ne faisaient guère que consacrer un état de fait) ; les mariages entre gens de races différentes furent interdits et les relations sexuelles de cette sorte furent punies de peines variées ; la séparation devenait obligatoire dans les hôpitaux, les prisons, les cimetières, selon les textes, et par l'usage dans les hôtels, les théâtres, les bibliothèques, voire les ascenseurs et les églises... C'est en matière scolaire qu'elle fut le plus durement ressentie, car c'est là qu'elle créait à l'encontre des Noirs l'obstacle le plus important pour leur avenir. Elle résultait du fameux principe *separate but equal* (séparés mais égaux) que la Cour suprême avait posé en 1896 dans l'affaire *Plessy v. Ferguson*.

A cette discrimination raciale la violence venait ajouter sa note ; les lynchages de Noirs furent extrêmement nombreux : plus de 1 300 entre 1890 et 1901, la plupart du temps à la suite de fausses accusations de femmes blanches prétendant avoir été violées. Cela entraîna naturellement des réactions très vives des Noirs, dont des émeutes raciales comme celles de New Orleans (1900), Statesboro (1904), Atlanta (1906), Springfield (1908).

Tout ceci coïncidait avec les débuts de l'impérialisme américain, et ce que Woodward a appelé la « capitulation au racisme », ou l'écrivain noir Logan « le nadir », était accompagné naturellement d'un succès des idées et théories racistes ; à l'époque où les thèmes favoris de Chamberlain et Lapouge se répandaient en Europe, la Maison de la Bible publiait *The Negro, A beast*, à l'intention d'un public bien-pensant (1). A peu près en même temps le racisme biologique se manifestait avec les conclusions craniométriques de R. B. Bean et une forme particulière de racisme américain faisait son apparition sous prétexte de protéger la population du nouveau continent d'une immigration incontrôlée ; Madison Grant, auteur de *The Passing of the great Race* (1916) écrivait : « Le mélange de deux races aboutit à produire une race qui revient au type primitif inférieur », et de dénoncer les mariages mixtes (Blanc-Noir, Blanc-Hindou, Blanc-Juif).

Les premiers essais de lutte des Noirs contre la ségrégation peuvent être groupés autour des trois noms de B. T. Washington, W. Du Bois, M. Garvey.

Booker Washington (1856-1915) né esclave, fils de père blanc et de mère noire, autodidacte, fut le premier fondateur de l'Institut de Tuskegee, spécialisé dans l'instruction technique : cela semblait si peu dangereux que les Blancs eux-mêmes furent

(1) Fabre, *Les Noirs américains*, Paris, 1967, p. 24.

rassurés par l'apolitisme et le caractère professionnel de l'entreprise : ce « gradualisme », parce qu'il supposait une éducation collective de très longue haleine, ne semblait pas inquiétant.

A cette doctrine rassurante s'opposait notamment William Du Bois (1868-1963) qui dans son ouvrage *The souls of black folk* reprochait à Washington son programme « évangile du Travail et de l'Argent qui apparemment allait faire oublier les buts élevés de la vie », et sa politique se fonda sur trois revendications de base : le droit de vote, la non-ségrégation, l'identité d'enseignement. Il réunit, en 1905, aux chutes du Niagara du côté canadien, 29 intellectuels noirs qui fondaient le mouvement du Niagara pour lequel Du Bois rédigeait une déclaration-programme qui ne laissait pas de doute sur leur esprit révolutionnaire. Des Blancs libéraux indignés par le lynchage de Springfield et voulant célébrer le centenaire de la naissance de Lincoln les incitèrent à se joindre à eux à New York où fut fondée en 1909 la N.A.A.C.P. *(National Association for the Advancement of Coloured People)* dont Du Bois devint le directeur de publication. L'action de la N.A.A.C.P. se situe essentiellement au plan juridique et elle obtint quelques revirements de jurisprudence de la Cour suprême (abolition de la clause du grand-père, annulation de l'obligation faite à des Noirs de vivre dans certains quartiers, etc.). Mais la ségrégation restait malgré cela très forte et continuait à triompher, tandis que la population noire des Etats-Unis subissait plusieurs événements de nature à transformer le problème noir en lui donnant encore plus d'acuité : 1. Une migration massive vers le nord et ensuite vers l'ouest ; 2. Un phénomène d'urbanisation de plus en plus poussé, à telle enseigne qu'en 1960 en comptait 14 millions de Noirs dans les villes, contre 5 dans les campagnes ; 3. La première guerre mondiale avait montré à 100 000 Noirs l'absence en France de toute discrimination et « la jouissance inattendue et compréhensible de pouvoir librement consommer un verre de bière à la même terrasse de café que les Blancs et s'asseoir sur n'importe quel siège dans les tramways » (F. Schoell). Les émeutes interraciales, qui firent de l'été 1919 en pleine paix un « été rouge » où plus de 80 Noirs, dont plusieurs soldats en uniforme, furent lynchés, allaient rendre le contraste encore plus brutal. Il était facile d'opposer cela au fait d'avoir pris les armes à la demande de Wilson pour *save the world for democracy* ; et la crise de 1929 devait faire durement sentir aux Noirs que s'ils étaient les derniers à être embauchés, ils étaient bien les premiers à être renvoyés en cas de diminution de l'emploi.

Ceci explique qu'un mouvement plus radical ait vu le jour : celui de Marcus Garvey (1887-1940), Noir de la Jamaïque, qui sut trouver mieux que personne le chemin de la sensibilité noire en évoquant de façon lyrique la grandeur passée de l'Ethiopie et de Tombouctou. Il fonda l'U.N.I.A. *(Universal Negro Improvement Association)* qui acheta des bateaux destinés à la *Black Star Line* (rivale de la *White Star*) et eut son drapeau. Il préconisait le retour en Afrique et si le mouvement échoua rapidement, il n'en paraît pas moins avoir eu valeur prophétique.

3. La lutte contre la ségrégation et les mouvements noirs. — Pendant la deuxième guerre mondiale, il ne fallut pas moins que la menace d'une marche sur Washington agitée par Philip Randolph, pour que Roosevelt, en 1941, prît son ordre n° 8802 interdisant toute discrimination de race ou de couleur dans l'embauchage des travailleurs ; la ségrégation fut abolie dans certaines armes seulement ; la Croix-Rouge américaine persistait à mettre dans des bocaux différents le sang des Noirs et celui des Blancs, et les soldats noirs pouvaient parfois voir des prisonniers allemands manger dans des wagons-restaurant dont l'accès leur était interdit par les *Jim Crow Laws*.

C'est au lendemain de la guerre qu'était entreprise avec bien des hésitations, des difficultés, une œuvre de lutte contre la ségrégation qui s'est traduite par certains succès lentement et chèrement acquis, rien n'étant plus difficile à transformer que les mentalités collectives.

Le droit à l'égalité politique n'a été reconnu que très lentement : dès 1946, H. Truman nomma une commission dont le rapport recommandait le renforcement des droits civiques ; ce ne fut qu'en 1964 sous la présidence de Johnson que le Congrès vota un *Civil Rights Act* très important qui fut suivi de lois de 1965 créant des fonctionnaires fédéraux chargés de veiller à la libre inscription des Noirs sur les registres électoraux, là où il y avait des discriminations patentes : en 1968, sur 5 millions de Noirs électeurs dans les Etats du Sud, il y en avait 3 100 000 d'inscrits soit 62 %, alors qu'en 1960, le nombre des non-inscrits était de 3 500 000.

C'est surtout en matière scolaire que la question présentait de l'importance ; un arrêt de la Cour suprême du 7 mai 1954 *(Brown v. Board of Education)*, en soulignant que « les conditions d'éducation séparée sont profondément inégales » renversait toute la jurisprudence postérieure à 1896. La mise en œuvre de ce principe ne se fit pas sans mal, puisque le gouvernement fédéral, devant l'obstination du gouverneur Faubus, dut envoyer des troupes à Little Rock pour faire admettre neuf enfants noirs au Lycée Central. L'entrée de James Meredith à l'Université du Mississippi en 1962 fut accompagnée d'émeutes qui firent deux morts.

D'une façon générale des progrès ont été réalisés dans les autres domaines ; l'intégration est chose faite à Washington (537 000 Noirs sur 756 000 habitants soit 71 % en 1970) ; les pancartes discriminatoires tendent à disparaître, mais en matière de logement, par exemple, on en est encore au *tokenism* (c'est-à-dire à une amélioration résultant de cas isolés).

Tous ces progrès n'ont pas été obtenus sans peine ; il y a fallu bien des larmes et du sang, et la conquête de l'égalité a été l'objet de la lutte acharnée d'organisations noires. Celles-ci se présentent essentiellement sous trois aspects :

I. — La N.A.A.C.P. apparaît comme le mouvement de beaucoup le plus modéré, qui ne veut la révolution que par la loi, et elle représente plus les intérêts de la bourgeoisie noire qu'elle n'a d'audience populaire. Elle a joué un grand rôle dans la lutte pour la déségrégation scolaire : c'est à elle que l'on doit la décision de 1954. Mais le combat limité au plan du droit et l'observance d'un légalisme respectable ont fait figure d'attitudes dépassées : « Les événements récents, écrit Louis Lomax, ont détruit notre foi dans le légalisme comme moyen de délivrance. »

II. — La liberté aujourd'hui, *Freedom now*, telle est la formule lancée par les partisans d'une intégration immédiate. Le titre de l'ouvrage de Martin Luther King, *Why we can't wait*, est significatif de cet état d'esprit. La traduction française de ce titre par *Révolution non violente*, a pour mérite, à défaut de l'exactitude, de mettre en lumière un autre aspect du mouvement : le refus de l'emploi de la force tout au moins en premier lieu. A Montgomery, en 1955, à la suite d'un incident concernant une place d'autobus réservée aux Blancs, un boycott pacifique de la compagnie d'autobus se termina par un succès, et mit en vedette un pasteur de 27 ans, Martin Luther King qui se présentait comme disciple de Gandhi, apôtre de la non-violence ; il regroupa la jeunesse étudiante dans le *Student Non Violent Coordination Committee* (en abrégé S.N.C.C. et familièrement SNICK). En 1942, le C.O.R.E., *Congress of Racial Equality*, avait été fondé par Houser, puis fut continué par James Farmer ; il devait lui aussi utiliser des procédés pacifiques : les *sit-ins* (occupation assise par les Noirs des endroits interdits : restaurants, piscines, magasins, théâtres, etc.) ; les *Freedom Riders*, marcheurs de la liberté, devaient aider les Noirs à lutter contre le racisme en favorisant la « déségrégation » dans les transports et l'inscription sur les listes électorales (1961). Mais à partir de ce moment la violence fit son apparition : trois Blancs, voyageurs de la liberté, furent assassinés en 1964 dans le Mississippi ; quatre fillettes furent tuées par une bombe lancée dans une église de Birmingham (Alabama). L'été 1964 devait voir le quartier noir de Harlem à New York mis à feu et à sang, et en 1965, les émeutes de Watts à Los Angeles atteignaient une intensité rarement vue dans la haine raciale. Cela explique peut-être, qu'à certains égards, l'attitude nouvelle de Luther King, qui devait être assassiné d'un coup de feu en plein visage à Memphis (Tennessee), le 4 avril 1968, était déjà dépassée. Il avait été remplacé en 1966 à la tête du SNICK par Stockely Carmichaël qui inventait le slogan du *Black Power* (Pouvoir noir).

III. — Il y a en effet une tendance beaucoup plus violente, séparatiste, nationaliste qui, historiquement, se situe dans la ligne du mouvement Garvey, qui est celle des *Black Muslims* ou Musulmans noirs. Si le mouvement remonte à 1930 avec Drew Ali, ce sont les efforts d'Elijah Muhammad qui le relancèrent après la deuxième guerre mondiale : ses membres préfèrent se replier sur eux-mêmes et organiser un monde à part plutôt que de se battre pour une intégration illusoire et une vaine égalité : ils voient la solution non dans une impossible assimilation mais bel et bien dans un partage territorial, une partie du territoire des Etats-Unis devant devenir une république noire indépendante. C'était là du moins la pensée de Malcolm X. Il aboutissait à une sorte de racisme en retour lorsqu'il déclarait à Lomax : « l'intégration ne se fera pas. Elle présuppose que les deux races noire et blanche sont égales... Or ce n'est pas vrai. L'homme blanc est par nature un démon et doit être détruit. L'homme noir héritera la terre. Il la reprendra sous son pouvoir, retrouvant la position qu'il avait il y a des siècles, alors que les démons blancs rampaient à quatre pattes dans les cavernes d'Europe (!!...) ». Il était assassiné le 21 février 1965 dans une salle de Harlem lors d'une réunion de l' « Organisation de l'Unité afro-américaine » qu'il avait fondée après avoir été exclu des *Black Muslims* à la fin de 1963 par Elijah Muhammad lui-même.

Les *Black Panthers*, fondés en 1966 à Oakland en Californie, sont un parti qui, admirateur de Mao Tsé-tung, Fidel Castro, et Che Guevara recherche une tactique de harcèlement des autorités civiles et de la police par des méthodes de guerilleros urbains : c'est donc par la violence qu'ils tentent de trouver une solution aux problèmes du racisme. D'autres, des intellectuels, surtout, se sont engagés dans la voie d'un marxisme revu et corrigé par Marcuse, notamment ; tel est le cas d'Angela Davis qui fut accusée de complicité dans le meurtre d'un juge de Californie en 1970.

Nul ne peut prévoir quelles seront les destinées de l'activisme noir, mais il serait étonnant que de nouveaux incidents ne se produisent pas, car si la question raciale est devenue une plaie au flanc de l'Amérique, elle est peut-être pansée, elle est loin d'être guérie.

Ainsi, le 3 novembre 1979, à Greensboro en Caroline du Nord, quatre militants antiracistes furent-ils tués au cours d'une manifestation par des membres du Ku Klux Klan qui devaient être acquittés un an après ; ainsi, de violentes émeutes éclatèrent-elles à Miami, en Floride, les 17 et 18 mai 1980, à la suite d'un verdict acquittant quatre policiers blancs accusés d'avoir frappé à mort le Noir McDuffie coupable d'une hypothétique contravention ; elles firent une quinzaine de morts et plus de 200 blessés.

En octobre 1983 un vote du Sénat américain décidait de faire de l'anniversaire de la naissance de Luther King un jour férié à partir de 1986.

II. — L' « apartheid » en Afrique du Sud

En Amérique, les *Jim Crow Laws* avaient disparu les unes après les autres ; l'égalité étant acquise en droit on entreprenait la lutte contre la ségrégation de fait ; en Afrique du Sud, cette même ségrégation apparaissait en droit en 1948 et était renforcée sous le nom d'*apartheid*.

1. **Les éléments ethniques.** — Ils peuvent être répartis en quatre groupes : les Blancs (environ 4 979 000) sont soit des Anglais, soit des Hollan-

dais (Boers ou Afrikaners parlant l'afrikaans, dialecte provenant du néerlandais) et des descendants de huguenots français émigrés. Les *Coloured*, ou métis, sont les produits des mélanges de Blancs et d'anciennes populations serviles malaises et hottentotes (environ 3 168 000) ; ils sont installés surtout au Cap tandis que c'est au Natal qu'il y a le plus d'*Indiens* (941 000), ceux-ci ont immigré au XIXe siècle. Enfin les *Noirs* (21 500 000), appelés d'abord Cafres, puis *Natives* en anglais ou *Naturelle* en afrikaans, c'est-à-dire indigènes, forment le groupe le plus nombreux (ces estimations sont de 1989).

Les véritables indigènes qui, selon les Afrikaners, sont les Hottentots et les Bushmen (ou Boschimans) ont presque totalement disparu et ne sont pas des Noirs. Les Noirs veulent, eux, être désignés sous le nom d'Africains, mais ce mot a été pris par les Boers pour se désigner eux-mêmes. Aussi l'appellation officielle des Noirs est-elle Bantous (mot qui veut dire « hommes » dans les idiomes des Noirs d'Afrique australe). Ces Noirs vivent répartis à peu près par tiers, dans les réserves ou territoires bantous, dans les zones blanches comme ouvriers agricoles, ou enfin dans les villes européennes. Tout cela donne évidemment une mosaïque raciale d'une grande complexité ; en outre, les Blancs qui sont installés en Afrique du Sud et représentent le cinquième de la population se considèrent comme étant, autant que les Noirs, dans *leur* pays et n'imaginent pas pouvoir le quitter.

La politique suivie à l'égard des Noirs résultait de compromis peu clairs : jusqu'à la deuxième guerre mondiale, les problèmes n'apparurent pas comme très urgents, car le nombre des Noirs urbanisés était faible, et si en fait, il y avait ségrégation, celle-ci n'était pas inscrite dans les lois et règlements. Le succès du Parti nationaliste en 1948 résulta, semble-t-il, de l'inquiétude grandissante des Blancs devant l'augmentation constante du nombre des Noirs dans les villes. C'est à partir de ce moment-là, et contrairement à l'évolution générale du reste du monde, qu'une politique très orientée fut mise en place sous le nom d'*apartheid* par le gouvernement du Dr Malan. Elle devait être continuée avec obstination par ses successeurs M. Strijdom, le Dr Verwoerd et M. Vorster ; tous tinrent à traduire le mot par « développement séparé » et non par ségrégation alors que son sens littéral est bien celui d'une mise à part et non d'un développement. L'*apartheid* permettrait seule de revenir à la situation très ancienne dans laquelle Blancs et non-Blancs vivaient isolés les uns des autres. Si elle devait aboutir à une partition territoriale de l'Afrique du Sud, elle serait selon le Parti nationaliste une solution moralement et intellectuellement irréprochable. (Il est piquant de remarquer que cette solution se rapprocherait — pour des raisons diamétralement opposées — de celle envisagée aux Etats-Unis par les Noirs les plus extrémistes.) Elle reste politiquement irréalisable dans la mesure très grande où l'économie des Blancs dépend de la main-d'œuvre non européenne. Voilà pourquoi le but profond de l'*apartheid* est, de l'aveu même des dirigeants sud-africains, de prolonger la domination blanche : « Il ne suffit pas que les Blancs « guident » ou « dirigent », il faut qu'ils dominent, qu'ils aient la suprématie... si nous admettons que le désir du peuple est que les Blancs puissent continuer à se défendre en maintenant leur domination... nous disons que ce résultat peut être atteint par le développement séparé », déclarait en 1963 le premier ministre Verwoerd.

2. L'application de l' « apartheid » s'est traduite par un certain nombre de mesures restrictives ou prohibitives.

Ainsi une loi de 1950, le *Suppression of Communism Act*, dont l'interprétation devait connaître la plus large extension et permettre de réprimer des manifestations non violentes ou de désobéissance civile dès que des non-Européens cherchaient à « déterminer un changement politique, industriel, social ou économique dans l'Union au moyen de provocations à des troubles ou désordres » ; puis le *Sabotage Act* de juin 1962 introduisit un nouveau délit, le « sabotage », commis à des fins politiques ; tout cela a permis de réduire au silence Albert Luthuli, prix Nobel de la Paix, MM. Nokwé et Duncan et bien d'autres.

Le *Prohibition of mixed marriages act* vint interdire en 1949 les mariages interraciaux (il apparaissait comme bien superflu si l'on songe qu'en 1946 il y avait eu 75 mariages « mixtes » sur 28 000 mariages entre Blancs) et les *Immorality Acts* de 1950 et 1957 prohibèrent les rapports sexuels entre individus de race différente. La ségrégation est pratiquée dans l'instruction publique, car il est bien entendu que l'enseignement doit être adapté à la vocation spécifique de chaque race, et c'est l'objet du *Bantu education act* de 1953 ; en 1959, l'*Extension of University Education Act* interdisait l'inscription d'étudiants non blancs dans des universités jusque-là pluriraciales.

A tout ceci, il convient enfin d'ajouter qu'une loi de 1950 sur les régions de regroupement *(Group Areas Act)* est à la base d'une affectation autoritaire des habitants à un secteur géographique donné, selon leur appartenance raciale. Elle donne ainsi au gouvernement le pouvoir d'éloigner « même par contrainte » les Africains, Indiens, ou Métis du centre des villes et des quartiers commerçants réservés aux seuls Blancs. L'institution pour chaque non-Blanc d'un livret *(reference book)* constitue une sorte de passeport intérieur. Ceci est venu remplacer l'ancien système des *passes* qui avait arraché à Luthuli des cris d'indignation fameux. Le livret permet d'exercer à tout moment un contrôle sur n'importe quel homme à peau un peu foncée : on comprend mieux l'aspect inquisiteur et le caractère tracassier de son usage lorsqu'on songe qu'entre 1951 et 1960 il y aurait eu 3 500 000 condamnations prononcées uniquement pour délits concernant les *passes* ; on peut ajouter que, pour l'année judiciaire 1973-1974, on arrivait à un nombre d'environ 500 000 jugements pour infraction aux *pass laws*. Enfin la décision d'imposer l'étude obligatoire de l'afrikaans dans l'enseignement secondaire déclenchait les émeutes de Soweto (du 16 au 25 juin 1976 : 176 tués dont 2 Blancs) ; en juin 1980, le quatrième anniversaire de la révolte des jeunes Noirs de Soweto donna lieu à de dramatiques émeutes, qui firent au Cap une soixantaine de morts, et cette fois les Métis suivirent les Noirs dans leur révolte. L'ensemble de ces mesures de séparation est accompagné de la création de Bantoustans (ou *homelands*), c'est-à-dire de territoires à l'intérieur desquels les Noirs, isolés des Blancs, jouiront de la plénitude de leurs droits politiques. Le premier Bantoustan est le Transkei créé en 1963 ; il vient d'obtenir (1976), avec l'accord de Pretoria, son indépendance, mais celle-ci n'est reconnue par aucun Etat dans le monde et l'Assemblée générale des Nations Unies la considère comme nulle et non avenue. Un autre *homeland*, le Bophutatswana, est devenu indépendant le 6 décembre 1977, mais on doit souligner que, dès août 1976, 6 chefs de *homelands* se refusaient à envisager une telle indépendance qu'ils jugeaient illusoire.

3. Les conséquences de l' « apartheid ». — Même si les dirigeants blancs d'Afrique du Sud protestent de la pureté de leurs intentions et proclament très haut qu'ils ne veulent que le bien des Noirs, force est de constater que leur politique est fondée sur la conviction très profonde d'une supériorité foncière de la race blanche, et il faut ajouter que les Noirs africains lui sont entièrement hostiles.

Rares sont les Blancs qui vont jusqu'à préconiser l'abolition totale de l'*apartheid* ; on peut cependant rappeler le roman d'Alan Paton, *Cry, my beloved country* qui, traduit dans plusieurs langues, connut une grande notoriété. Si la *Dutch Reformed Church* qui regroupe essentiellement des Afrikaners a approuvé la politique de ségrégation, on peut bien dire qu'elle est la seule Eglise à l'avoir fait ; car, en dehors d'elle, c'est un concert unanime contre l'*apartheid.* Tant par les déclarations personnelles des évêques de Johannesburg, du Cap, que par une mise au point collective de son épiscopat, l'Eglise anglicane a été formelle : elle déclarait en 1957 « sous quelque forme que ce soit, l'*apartheid* est une pratique erronée et qui procède de l'esprit du mal ». Les confessions méthodiste, congrégationnaliste, presbytérienne et baptiste prenaient également parti contre l'*apartheid.* Quant au danger « romain », il fut dénoncé maintes fois par des représentants de la *Dutch Reformed Church* dont certains prêtres réclamèrent que l'entrée de la République fût interdite à tout catholique... la hiérarchie catholique romaine avait en effet une position hostile à l'*apartheid* puisque son épiscopat déclarait en 1952 : « La discrimination raciale est contraire aux droits de la personne humaine », puisque l'archevêque catholique du Cap s'y opposait, et que le pape nommait un Zoulou évêque d'un nouveau diocèse du Natal. Le 28 octobre 1977, le pape Paul VI, dans une allocution aux évêques africains, dénonçait toujours « les pénibles situations de discrimination raciale qui sont encore la plaie de certains pays d'Afrique ».

Au plan international, la politique d'*apartheid* après les fusillades de Sharpeville et de Langa entraîna le retrait de l'Union sud-africaine du Commonwealth, suivi de la proclamation de la République en mai 1961. Il faut aussi indiquer que la politique d'*apartheid* est considérée par la communauté internationale comme une violation flagrante des principes de la Charte de l'O.N.U. Le gouvernement d'Afrique du Sud soutient évidemment l'incompétence des Nations Unies, mais avec régularité l'Assemblée générale réexamine la question de l'*apartheid*, rappelant à Pretoria ses obligations et demandant aux Etats membres de prendre des mesures contre le gouvernement afrikaner, notamment en rompant les relations commerciales et diplomatiques avec l'Afrique du Sud.

4. Vers la disparition de l' « apartheid » ? — Une politique délibérée d'assouplissement puis d'abolition de l'*apartheid* est mise en œuvre depuis quelques années. Ainsi on a abrogé en 1985 l'*Immorality Act* de 1957 et le *Prohibition of Mixed Marriages Act* de 1949, puis en 1986 les lois sur les passeports intérieurs. Le président de Klerk élu en 1989 a accéléré le rythme de la « déségrégation » ; il a d'abord fait libérer (11 février 1990) M. Nelson Mandela qui deviendra président du Congrès national africain (A.N.C.) le 5 juillet 1991, ensuite il a fait voter le 15 octobre 1990 l'abrogation de la loi de 1953 sur la séparation dans les lieux publics, puis le 5 juin 1991 l'abrogation du *Group Areas Act* de 1950 et des lois sur la propriété foncière *(Land Acts)* ; enfin, le 17 juin 1991, la loi sur la classification de la population de 1950 *(Population Registration Act)* disparaît et cela permet de penser et d'espérer que l'*apartheid* appartient dorénavant au passé ; la levée des sanctions économiques par de nombreux pays en est un témoignage, tandis que le prix Nobel de littérature 1991 est attribué à Mme Gordimer, Africaine blanche, militante du droit des Noirs.

III. — Autres aspects du racisme

La France n'est pas en tant que nation plus raciste qu'une autre, elle l'est sans doute un peu moins. Si elle a produit Gobineau, elle a aboli l'esclavage, elle a émancipé ses Juifs et considéré les Noirs à l'égal des Blancs, elle s'est enflammée pour la justice dans l'Affaire Dreyfus plus que l'Amérique ne le fit pour l'Affaire Rosenberg, elle a procédé à une décolonisation large et compréhensive et sa contribution à l'aide aux pays sous-développés est plus élevée en proportion que celle de la plupart des autres pays occidentaux.

Les Français, eux, peuvent être racistes, pas plus que d'autres peuples, mais certainement pas moins ; c'est surtout la présence en France de travailleurs immigrés qui a posé des problèmes de symbiose particulièrement difficiles ; on a même pu parler d'un racisme anti-arabe (notamment lors des réactions qui suivirent à Marseille le meurtre d'un chauffeur d'autobus par un malade mental algérien pendant l'été 1973). A La Courneuve le 9 juillet 1983 on tue le petit Toufik Ouannès dans un « grand ensemble » ; en novembre suivant on lynche et défenestre un jeune Algérien dans le train Bordeaux-Vintimille... Dans la mesure où ce racisme existe, il n'est pas généralisé et il est lié à des aspects économiques et professionnels sur lesquels nous reviendrons.

Depuis longtemps, on réclamait en France la mise en place d'un appareil législatif tendant à réprimer le racisme ; sans doute, la Constitution de 1946 repoussait dans son préambule les distinctions de race, de croyance et de religion quant aux droits de l'individu et celle de 1958 s'y référait, mais ce n'était là que généralités abstraites ; certes, il y avait bien la « loi Marchandeau » (en réalité décret du 2 avril 1939) sur la diffamation raciale, mais elle avait révélé d'évidentes imperfections ; de plus la France avait adhéré le 28 juillet 1971 à la convention internationale sur l'élimination de toutes les formes de discrimination raciale mise au point par l'O.N.U. en 1966, mais tout cela ne constituait pas un arsenal suffisant. Les incidents se multipliaient dont la presse se faisait l'écho : humiliations, discriminations diverses, refus dans un café du quartier Latin de servir les Noirs, etc. Un texte clair, techniquement bien rédigé qui apparaît comme le fruit d'une collaboration remarquable entre le Parlement et le gouvernement, fut enfin promulgué : c'est la loi du 1er juillet 1972 « relative à la lutte contre le racisme ». Celle-ci permet notamment à toute association combattant le racisme d'exercer les droits reconnus à la partie civile dans les délits racistes (arrêt de Cassation du 15 février 1973 dans l'affaire des ventes de poupées grotesques et caricaturales portant l'étiquette « Juif, 25,30 F » à Dijon) ; d'autres instances sont engagées soit par des personnes physiques, soit par des organisations antiracistes qui ont entrepris de vigoureuses campagnes pour mettre un terme à la discrimination raciale notamment dans les offres d'emploi. Cette loi a été complétée par les lois des 3 janvier 1985 et 13 juillet 1990. Parmi les mouvements qui combattent le racisme en France avec ténacité et efficacité, on peut citer : la L.I.C.R.A. *(Ligue internationale contre le Racisme et l'Antisémitisme)* fondée par Bernard Lecache en 1928, présidée par J. Pierre-Bloch, et qui publie *Le Droit de Vivre* ; le M.R.A.P. *(Mouvement contre le Racisme, contre l'Antisémitisme et pour la Paix)* fondé en 1949 par Pierre Paraf, et dont la publication est *Droit et Liberté*, les deux dernières lettres de son sigle doivent maintenant se développer ainsi : *et pour l'Amitié entre les Peuples* ; enfin, *S.O.S. Racisme* fondé par Harlem Désir.

Il faut signaler l'odieux attentat contre la synagogue de la rue Copernic, à Paris, le 3 octobre 1980, quarante ans jour pour jour après le statut des Juifs organisé par le gouvernement de Vichy ; il fit 4 morts et 20 blessés, souleva une profonde et légitime indignation, mais ses auteurs n'ont pas été jusqu'à présent retrouvés. Ensuite il y eut la tuerie de la rue des Rosiers à Paris (au restaurant *Goldenberg*, 6 morts le 8 août 1982) ; à Bruxelles (4 blessés le 18 septembre) ; à la synagogue de Rome (un enfant de deux ans tué et 34 blessés le 9 octobre), à quoi il convient d'ajouter l'ignoble assassinat de 23 Juifs turcs dans la synagogue d'Istanbul le 6 septembre 1986.

Faire un recensement des pays où le racisme se manifeste de façon épisodique serait une gageure sans intérêt ; tout au plus signalerons-nous :

— L'existence d'un problème juif en U.R.S.S. qui sans doute ne relève pas du racisme proprement dit, mais apparaît comme l'héritage d'un antisémitisme qu'est venu recouvrir pour partie un antisionisme.

— Les conflits judéo-arabes n'ont pas, semble-t-il, un aspect racial au premier chef. Les raisons politiques, religieuses, linguistiques, géographiques et historiques sont assez abondantes pour que l'on ne puisse prétendre expliquer la chose en quelques lignes.

— De temps à autre on est saisi de vertige lorsqu'on prend connaissance de certaines réactions : si les dépêches d'agences de presse sont exactes (1), le président de l'Ouganda, le général Idi Amine Dada aurait déclaré que « Hitler avait agi avec justesse en faisant brûler 6 millions de Juifs au cours de la seconde guerre mondiale » *(sic)*. On est confondu devant tant d'inconscience — pour ne pas dire plus — et on trouverait, si le fait n'était pas si triste, quelque motif de gaieté à voir un homme que le Führer aurait tenu pour un demi-singe célébrer les crématoires destinés aux sous-hommes. Et lorsqu'un journaliste égyptien écrit que « Hitler avait raison et que les fours crématoires avaient leur raison d'être » (2), on est saisi de stupeur. Les « sales sidis » ne valaient pas mieux aux yeux des maîtres du Reich que les « vilains youtres »...

Depuis la première édition de cet ouvrage un texte stupéfiant a été voté par l'Assemblée générale de l'O.N.U. qui « considère que le sionisme est une forme de racisme et de discrimination raciale » (résolution n° 3379 du 10 novembre 1975) (3). Le secrétaire général, M. Waldheim, devait aussitôt se

(1) *Le Figaro*, *Le Monde*, 12 octobre 1973.
(2) *Le Monde*, 21 août 1973.
(3) Trente-sept ans jour pour jour après la *Kristallnacht*. La résolution fut votée par 72 voix contre 35, 32 abstentions, 3 absences.

déclarer « profondément conscient de la gravité de la situation », et ce vote soulevait dans le monde une profonde émotion.

Il semble, à tout le moins, que l'usage des mots ne corresponde plus à leur définition, même si l'opération politique ainsi menée n'avait eu pour but que d'isoler et de stigmatiser l'Etat d'Israël. Il est, en effet, assez singulier de voir reprocher aux survivants ou aux descendants des victimes du plus grand holocauste de l'Histoire un comportement analogue à celui de leurs bourreaux. Considérer la politique de l'Etat d'Israël comme impérialiste ou nationaliste est une chose (dont on peut d'ailleurs discuter à propos de la politique de chaque Etat) ; c'en est une tout autre que de dire, par une sorte de paradoxe, que le mouvement sioniste qui a pris naissance lors de l'affaire Dreyfus, et qui devait s'amplifier en fonction du racisme antisémite, est lui-même un racisme... Un tel vote ne peut avoir pour résultat concret que d'aviver ou de réveiller chez chaque Juif de la diaspora la solidarité avec Israël, de durcir les positions de part et d'autre, et de retarder « une solution satisfaisante du problème du Proche-Orient, sous tous ses aspects ». C'est d'ailleurs ce qui se produit puisque Israël se voit de plus en plus assigner le rôle peu enviable qui était celui du Juif dans l'Europe de la première moitié du XXe siècle.

Au moment de mettre sous presse la 7e édition de cet ouvrage on apprend que, le 16 décembre 1991, l'O.N.U a voté à une large majorité l'abrogation de la résolution du 10 novembre 1975.

Chapitre VI

LA PSYCHOSOCIOLOGIE

Il reste à envisager ce que l'on peut appeler l'attitude raciste courante de nos contemporains. Il s'agit là de manifestations qui, pour n'être pas normales, n'en sont pas moins fort répandues ; elles sont d'autant plus importantes que c'est à partir d'elles qu'un racisme virulent et agressif pourrait se développer de façon foudroyante comme un abcès négligé peut aboutir à une septicémie. Nous n'y consacrerons que des développements relativement restreints pour une double raison : d'abord la nécessité matérielle d'être bref ; ensuite et surtout parce que ce sont là des thèmes de réflexion qui ont fait l'objet de nombreuses et excellentes études. L'analyse du comportement raciste révèle deux ordres d'éléments : les uns sont relatifs à la psychologie de l'individu, les autres proviennent du cadre social.

I. — Les dispositions individuelles

M. Albert Memmi a proposé dans plusieurs travaux extrêmement brillants la définition suivante : « Le racisme est la valorisation généralisée et définitive, de différences, réelles ou imaginaires, au profit de l'accusateur et au détriment de sa victime, afin de justifier ses privilèges ou son agression. »

Cette formule nous semble plutôt fournir une explication de caractère psychologique ou moral du racisme que définir vraiment celui-ci. *Omnis definitio periculosa*, certes, mais dans la mesure où, par étymologie, définir consiste à tracer des limites, nous craindrions que la proposition de M. Memmi ne fût trop extensive et n'amenât à inclure dans le champ du racisme des attitudes ou des actions dans lesquelles la prise en considération de la race ne tiendrait aucune place. Nous commettrions un anachronisme si nous voulions projeter des conceptions modernes dans des périodes de l'histoire où elles auraient été incompréhensibles pour les contemporains. Voilà pourquoi nous préférons nous en tenir à des définitions plus externes comme celles citées plus haut (1).

En revanche, l'analyse de M. Memmi nous paraît extrêmement précieuse pour comprendre de l'intérieur le comportement psychologique qui est celui du raciste : c'est en effet le refus d'accepter l'autre comme *différent* qui est à la base de l'accusation : comment peut-on être Persan ? La démarche raciste va nécessairement accentuer et augmenter cette différence ; peu importe que celle-ci soit réelle ou imaginaire, importante ou minime ; une fois admise et majorée, elle sera tout naturellement utilisée par le raciste ; plus cette différence sera nocive et infamante, plus elle servira son inventeur ; elle doit être naturellement généralisée, ce n'est pas *un* Arabe qui est paresseux (ce qui peut arriver), ce sont *tous* les Arabes ; ce n'est pas *un* Juif qui est avare, mais *tous*, etc. Et cela permet du même coup à chaque raciste (le phénomène est connu) d'avoir son bon Juif ou son bon Arabe. Tout ce mécanisme tend à

(1) Cf. *supra*, pp. 5-6.

justifier à ses propres yeux l'attitude du raciste lui-même, qui ne saurait avoir mauvaise conscience puisque aussi bien ceux qui appartiennent à des races qualifiées d'inférieures sont déjà dans des situations sociales d'infériorité ; le raciste s'installe dans une situation pour lui facile, car on ne le voit guère s'en prendre aux puissants ; c'est cela qui explique le célèbre racisme du « petit blanc » qui trouve ainsi une compensation à sa médiocrité et l'occasion de se construire à peu de frais un piédestal illusoire. Ceci permet aussi de comprendre pourquoi une explication psychanalytique du comportement raciste est souvent amenée à lier celui-ci à la personnalité autoritaire, donc doutant d'elle : ce type d'homme, conformiste, soumis au pouvoir du groupe, ayant besoin d'un soutien extérieur, trouvera dans l'infériorité supposée d'autrui une raison de plus de s'estimer soi-même. Le comportement raciste est une maladie qui procède du même esprit que le port illicite de décorations.

II. — L'action de la société

1. Si l'enfant n'a pas spontanément de réactions racistes, il est certain que le milieu familial et l'éducation tiennent une grande place dans le développement des préjugés. Le petit Européen, que l'on menaçait en Afrique du Nord de « faire venir l'Arabe » s'il ne s'endormait pas promptement le soir, avait de fortes chances, devenu adulte, de témoigner d'une hostilité fort explicable, mais combien artificielle envers le peuple de celui qu'on lui avait présenté comme un redoutable croquemitaine. Les réflexions entendues à la table de famille, du genre : « Ces gens-là ne sont pas comme nous », le tutoiement méprisant de l'indigène, nombre de

faits quotidiens et familiaux contribuent souvent chez l'enfant, à l'épanouissement ultérieur du comportement raciste. Si le milieu colonial, comme l'a montré M. Memmi, était particulièrement favorable à la constitution de mythes racistes, l'importance de l'éducation reste en métropole aussi une donnée fondamentale.

2. C'est une suite inversée du colonialisme que la situation des travailleurs immigrés, non seulement en France, mais dans de nombreux pays d'Europe occidentale. C'est par une sorte de vertige centripète qu'afflue la main-d'œuvre en provenance de pays méridionaux, pauvres ou sous-développés, appartenant pour la plupart au « tiers monde ». Dans les pays développés se multiplient les tâches et emplois pénibles, salissants, abrutissants, les travaux particulièrement durs, que même les nationaux qui se trouvent tout en bas de l'échelle sociale ne veulent plus assurer. Au siècle passé, en France, c'était de Savoie, d'Auvergne, ou de Bretagne que provenaient les ramoneurs, les porteurs d'eau, les marchands de charbon, ou les bonnes à tout faire ; aujourd'hui la domesticité est souvent espagnole ou portugaise, à Paris du moins ; les Nord-Africains et les Noirs sont manœuvres (on dit par une pudique antiphrase « ouvriers spécialisés, O.S. »... spécialisés ?... en quoi ?) ou balayeurs, éboueurs : les immigrés ne trouvent d'emplois que dans les secteurs marginaux du travail que les ouvriers métropolitains tendent à abandonner. Ceci se passant le plus souvent en milieu urbain, une recherche difficile du logement sera le premier souci de l'immigré : pour des raisons économiques et sociales, elle aboutira vite à une ségrégation de fait et à la création de « bidonvilles » afin d'échapper autant que possible à la monstrueuse rapacité de « marchands de sommeil » qui

louent des pièces exiguës et malsaines, voire des caves, pour des prix exorbitants, à 8 ou 10 malheureux, quelques heures par jour seulement...

Le fait d'être un homme de couleur ou un Arabe et le fait d'occuper un emploi inférieur et peu stable, se renforcent et s'exacerbent mutuellement. Il y a là une sorte de processus cumulatif ; de plus les travailleurs métropolitains craignent souvent que les immigrants ne fassent preuve d'une docilité ou d'une complaisance trop grande à l'égard du pouvoir. Il ne faut pas perdre de vue que ces nouveaux prolétaires, étrangers par définition, donc non électeurs, n'intéressent au fond qu'assez médiocrement ceux qui par tradition devraient soutenir d'abord leurs revendications, sauf bien sûr lorsqu'ils peuvent être utilisés comme machine de guerre politique. De même les syndicats qui se sont battus pour obtenir tels avantages dans tel ou tel domaine ne peuvent voir d'un très bon œil l'arrivée d'immigrants qui risquent de diminuer la part des travailleurs de la métropole. Ceci n'est certes pas du racisme conscient, mais nous voulons souligner simplement la complexité du problème. Lorsque dans le domaine de l'emploi les demandes sont plus nombreuses que les offres, les immigrants sont les premiers à souffrir du chômage plus durement que d'autres, mais aux yeux de beaucoup, ceci n'apparaît souvent que comme une injustice toute relative, quand ce n'est pas considéré comme une sanction presque méritée... La situation sociale de l'immigré apparaît ainsi comme nettement infériorisée et donne évidemment aux attitudes racistes une cible de choix : visage plus bronzé, langue différente, emplois subalternes ou dédaignés, pauvreté ou misère, il y a là tout ce qu'il faut pour attirer le mépris de ceux dont la préoccupation (peut-être inconsciente) est d'avoir toujours quelqu'un en dessous de soi ; tant il est vrai que si l'argent va à l'argent, l'humiliation et l'amertume ne sont pas épargnées à ceux qui en sont abreuvés.

Les sociologues ont souvent remarqué qu'il n'était pas souhaitable qu'un certain taux d'immigrants dans la population locale fût dépassé et ils le situent aux environs de 10 %. A ce sujet, M. Schwarzenbach en 1970, déclenchait en Suisse la procédure de l'initiative, il demandait la limitation du nombre des étrangers résidant sur le territoire helvétique au dixième de la population autochtone, cette initiative ne fut repoussée que par une faible majorité (1). Le 13 mars 1977, l'initiative dite « Protection de la Suisse », qui visait à réduire de 15,3 % à 12,5 %, dans un délai de dix ans, la proportion des étrangers a été repoussée par 70 % des voix. Le même jour une initiative « pour une limitation du nombre annuel des naturalisations » fut massivement rejetée.

Le comportement raciste est-il donc fatal et inévitable ?

*
* *

Il faut distinguer, comme dans une maladie, plusieurs degrés d'évolution, car il y a plusieurs variétés de racisme.

L'aspect ultime est évidemment celui du racisme agressif et destructeur tel qu'il fut pratiqué par les nazis : il consiste à se débarrasser des membres de la race exécrée par une extermination massive comme si l'on utilisait un insecticide pour détruire des moustiques. A ce stade-là...

Le degré précédent est celui d'une ségrégation

(1) Ce résultat devait être confirmé et amplifié par la votation du 20 octobre 1974.

établissant des barrières légales entre des membres de différentes races : ce racisme tolère *l'existence* des races, mais légalise l'infériorité de certaines. Il n'est pas sans exemple que ces barrières puissent craquer, c'est le cas de l'abolition progressive de la législation raciste américaine.

Cela ne suffit pas, car il existe un autre degré de racisme : celui que l'on rencontre à l'état diffus dans les pays où aucune distinction légale n'est faite quant à la race et même dans ceux où le racisme est réprimé. La lutte antiraciste peut y être entreprise de plusieurs façons : par la loi et les règlements (mais ceci n'a guère qu'un effet dissuasif) ; par une connaissance des doctrines racistes qui montre non seulement leur pseudo-caractère scientifique, mais qui mette en évidence leur indigence intellectuelle, telle que rien ne peut en être retenu. Il faut cependant en matière d'antiracisme, comme en tout, se garder d'exagération. MM. Held et Dehem ont bien vu ce piège ; c'est celui de l'antiraciste qui, par souci de prendre le contre-pied exact des doctrines racistes, considérera *systématiquement* que les Noirs sont plus intelligents que les Blancs et en arrivera à penser que tel individu ne peut pas être paresseux *parce* qu'il est Arabe et qu'il est faux de dire que les Arabes sont paresseux... Les dangers de la généralisation abusive sont les mêmes de quelque côté qu'on les envisage.

Qu'il y ait en tout un chacun, un raciste qui sommeille, c'est possible ou même probable, le tout est de ne pas l'éveiller ! Le vrai raciste n'est pas honteux ; la célèbre formule : « Je ne suis pas raciste, mais... » est susceptible de bien des interprétations. La moins défavorable est que celui qui la prononce, révèle par là même, des sentiments dont il a honte et qu'il n'ose pas livrer tels quels ; cette retenue est déjà un hommage rendu à la vertu... M. Memmi déclare que « la tentation raciste est bien celle à laquelle on résiste le moins ». C'est presque là un langage de théologien ou tout au moins de moraliste, qui convient assez à la situation.

On ne peut qu'être surpris de l'importance que certains attachent aujourd'hui aux particularismes, et ceci au nom de l'antiracisme bien sûr, sans toujours s'apercevoir que le fait d'exalter à l'excès les différences est justement la démarche qui est à la base du racisme. Qu'il faille respecter autrui et savoir l'accepter différent, est en effet essentiel. Fonder son insertion dans la communauté humaine en ne retenant que ce qui sépare au détriment de ce qui unit, serait un paradoxe. Le respect de la « négritude », du folklore breton ou du particularisme corse ne peut être accordé que parce que le Noir, le Breton, ou le Corse ont tous en commun la nature humaine. La pensée antique, la tradition judéo-chrétienne et la philosophie des lumières se rejoignent ici dans un humanisme qui est singulièrement battu en brèche dans presque tout l'univers de la deuxième moitié du XXe siècle. La froide technocratie qui traite l'homme en fourmi ne témoigne pas envers lui de beaucoup moins de mépris que ne le faisait le racisme hitlérien. Si tout était permis, s'il n'y avait plus ni bien, ni mal, au nom de quoi résister à la tentation raciste ?

BIBLIOGRAPHIE (1)

Outre les ouvrages suivants de la collection « Que sais-je ? » :

J. Bloch, *Les Tsiganes* (n° 580).
C. David, *Hitler et le nazisme* (n° 624).
C. Fohlen, *Les Noirs aux Etats-Unis* (n° 1191).
O. Guitard, *L'apartheid* (n° 2046).
M. Lengelle, *L'esclavage* (n° 667).
J.-A. Lesourd, *La République d'Afrique du Sud* (n° 463).
M. Mahn-Lot, *La conquête de l'Amérique espagnole* (n° 1584).
R. Rémond, *Histoire des Etats-Unis* (n° 38).
J. Rostand, *L'hérédité humaine* (n° 550).
E. Schreider, *La biologie humaine* (n° 1156).
A. Tunc, *Le Droit des Etats-Unis* (n° 1159).

on pourra consulter :

1° Sur la notion de racisme et ses aspects psychosociologiques

Le racisme devant la science, Unesco, 1re éd. 1960 ; 2e éd. 1973.
F. Batailler-Demichel, Eléments sociologiques du racisme en France, *Revue des Droits de l'Homme*, 1972, V, 1, pp. 99-130.
A. Bejin et J. Freund, *Racismes, antiracismes*, 1986.
J. Bernard et J. Ruffie, *Hématologie géographique*, 1966.
D. Buican, *Histoire de la génétique et de l'évolutionnisme en France*, 1984.
W. C. Boyd, *Génétique et races humaines*, 1962.
P. Dehem, De quelques écueils de l'antiracisme, *Esprit*, 1965, pp. 553-562.
C. Delacampagne, *L'invention du racisme. Antiquité et Moyen Age*, 1983.
Th. Dobzhansky, *Le droit à l'intelligence ; génétique et égalité* (trad. fr.), 1978.
C. Duchet et P. de Comarmond, *Racisme et société*, 1969.
Etiemble, *Racismes*, 1986.
H. J. Eysenck, *L'inégalité de l'homme* (trad. fr.), 1977.
J. Gritti, *Déraciner les racismes*, 1982.
W. Gueydan de Roussel, *A l'aube du racisme*, 1940.
C. Guillaumin, *L'idéologie raciste. Genèse et langage actuel*, Paris - La Haye, 1972.
P. Guiral et E. Temime, *L'idée de race dans la pensée politique française contemporaine*, 1977.

(1) Il est entendu que lorsque le lieu d'édition n'est pas indiqué il s'agit de Paris.

F. Hankins, *La race dans la civilisation*, 1935.
J.-P. Hébert, *Race et intelligence*, 1977.
J. Hersch, Sur la notion de race, *Diogène*, 1967, *59*, pp. 125-142.
A. Jacquard, *Eloge de la différence. La génétique et les hommes*, 1978,
P.-H. Maucorps, A. Memmi, J.-F. Held, *Les Français et le racisme*. 1965.
A. Memmi, *L'homme dominé*, 1968.
— Racisme, *Encyclopaedia Universalis*, 1972, t. XIII, pp. 915-916.
— *Le racisme*, 1985.
P. Paraf, *Le racisme dans le monde*, 1964.
E. Pittard, *Les races et l'histoire*, 1953.
L. Poliakov, *Hommes et bêtes. Entretiens sur le racisme*, 1975.
— *Le racisme*, 1976.
J. Ruffie, *De la biologie à la culture*, 1976.
Sociological theories : race and colonialism, Unesco, 1980.
T. Sowell, *Race, politique et économie*, 1986.
P. A. Taguieff, *La force du préjugé. Essai sur le racisme et ses doubles*, 1988.
— *Face au racisme* (2 vol.), 1991.
P. Tort, *Misère de la sociobiologie*, 1985.
G. Varet, *Racisme et philosophie*, 1973.
O. von Verschuer, *Manuel d'eugénique et d'hérédité humaine* (trad. G. Montandon), 1943.
M. Wieviorka, *L'espace du racisme*, 1991.

2° Sur l'antisémitisme

J. Isaac, *Jésus et Israël*, 1948.
— *Genèse de l'antisémitisme*, 1956.
— *L'enseignement du mépris*, 1962.
F. Lovsky, *Antisémitisme et mystère d'Israël*, 1955.
— *L'antisémitisme chrétien*, 1970.
J. Maritain, *Le mystère d'Israël et autres essais*, 1965.
L. Poliakov, *Histoire de l'antisémitisme* : t. I, *Du Christ aux Juifs de cour*, 1955 ; t. II, *De Mahomet aux marranes*, 1961 ; t. II, *De Voltaire à Wagner*, 1968 ; t. IV, *L'Europe suicidaire (1870-1933)*, 1977.
— *Le mythe aryen*, 1971.
J. N. Sevenster, *The roots of pagan antisemitism in the ancient world*, Leiden, 1975.
A. Sicroff, *Les controverses des statuts de « pureté de sang » en Espagne du XV*e *au XVII*e *siècle*, 1960.
M. Simon, *Verus Israël*, 1964.
P. Sorlin, *L'antisémitisme allemand*, 1969.

3° Sur les doctrines racistes

J. Boissel, *Victor Courtet (1813-1867), premier théoricien de la hiérarchie des races*, 1972.
J. Buenzod, *La formation de la pensée de Gobineau et l'Essai sur l'inégalité des races humaines*, 1967.
A. Combris, *La philosophie des races du comte de Gobineau et sa portée actuelle*, 1937.
R. Dreyfus, *La vie et les prophéties du comte de Gobineau*, s. d.
M. Lange, *Le comte Arthur de Gobineau*, Strasbourg, 1924.
E. Seillière, *Le comte de Gobineau et l'aryanisme historique*, 1903.
— *H. S. Chamberlain*, 1917.

Th. SIMAR, *Etude critique sur la formation de la doctrine des races*, 1922, Acad. roy. de Belgique, Classe des Lettres, Mémoires, 2e série, XVI.
A. SMITH, *Gobineau et l'histoire naturelle*, Genève, 1984.

4° SUR LE RACISME NAZI

L'Allemagne nazie et le génocide juif, 1985.
R. CECIL, *Il mito della razza nella Germania nazista. Vita di Alfred Rosenberg* (trad. italienne), Milano, 1973.
E. ben ELISSAR, *La diplomatie du IIIe Reich et les Juifs (1933-1939)*, 1969.
S. FRIEDLANDER, *L'antisémitisme nazi, histoire d'une psychose collective*, 1971.
P. GROSCLAUDE, *Alfred Rosenberg et le mythe du XXe siècle*, 1938.
M HILLEL, *Au nom de la race*, 1975.
F. NEUMANN, *Béhémoth. Structure et pratique du national-socialisme*, 1987.
W. HOFER, *Le national-socialisme par les textes*, 1963.
B. PEROTTI, *La notte dei cristalli, L'inizio della persecuzione antisemita nel terzo Reich (9-10 novembre 1938)*, Milano, 1977.
L. POLIAKOV, *Bréviaire de la haine*, 1951.
L. POLIAKOV et J. WULF, *Le IIIe Reich et les Juifs*, 1959.
E. VERMEIL, *Doctrinaires de la Révolution allemande (1918-1938)*, 1948.

5° SUR LE PROBLÈME NOIR

L'Apartheid, ses effets sur l'éducation, la science, la culture et l'information, Unesco, 1972.
M. BANTON, *Sociologie des relations raciales*, 1971.
A. BOCKEL, *De l'apartheid à la conquête du pouvoir*, 1986.
A. J. BULLIER, *Géopolitiques de l'apartheid. Stratégie ethnique de Prétoria*, 1982.
A. BURNS, *Le préjugé de race et de couleur*, 1949.
S. CARMICHAEL et C. V. HAMILTON, *Le black power*, 1968.
G. CHALIAND, *Où va l'Afrique du Sud ?*, 1986.
M. CORNEVIN, *L'Afrique du Sud en sursis*, 1977.
H. DESCHAMPS, *Histoire de la traite des Noirs de l'Antiquité à nos jours*, 1971.
C. FOHLEN, *La société américaine*, 1973.
M. GORDON, *L'esclavage dans le monde arabe, VIIe-XXe siècle*, 1987.
W. H. GRIER et P. M. COBBS, *La rage des Noirs américains*, 1970.
B. LEWIS, *Race et couleur en pays d'Islam*, 1982.
L. E. LOMAX, *Les Black Muslims*, 1964.
F. MASNATA, *Pouvoir blanc, révolte noire*, 1968.
M. MERLE, *L'anticolonialisme européen de Las Cases à Marx*, 1969.
F. RENAULT et S. DAGET, *Les traites négrières en Afrique*, 1985.
H. SANTA CRUZ, *La discrimination raciale*, Nations Unies, 1971.
F. L. SCHOELL, *Les tensions raciales dans l'Union sud-africaine et leurs incidences internationales*, Genève-Paris, 1956.
— *Histoire de la race noire aux Etats-Unis du XVIIe siècle à nos jours*, 1959.
I. et J.-L. VISSIÈRE, *La traite des Noirs au siècle des Lumières (témoignages de négriers)*, 1982.
C. ZORGBIBE, *Les derniers jours de l'Afrique du Sud*, 1986.

TABLE DES MATIÈRES

DU MÊME AUTEUR
dans la même collection

Le racisme, n° 1603, 7e éd. (trad. chinoise, espagnole, japonaise, portugaise).
Histoire de l'antisémitisme, n° 2039, 3e éd. (trad. portugaise).
Sociologie de l'antisémitisme, n° 2194, 2e éd.
Vocabulaire juridique, n° 2457, 3e éd.

Imprimé en France
Imprimerie des Presses Universitaires de France
73, avenue Ronsard, 41100 Vendôme
Mars 1992 — N° 37 996